野外求知

——初中地理野外考察

刘 伟　唐文红／主编

西安地图出版社

图书在版编目（CIP）数据

野外求知：初中地理野外考察 / 刘伟，唐文红主编. — 西安：西安地图出版社，2021.4

ISBN 978-7-5556-0690-1

Ⅰ.①野… Ⅱ.①刘… ②唐… Ⅲ.①科学考察—初中--教学参考资料 Ⅳ.①G634.73

中国版本图书馆CIP数据核字（2021）第061693号

著作人及著作方式： 刘 伟 唐文红 主编
责任编辑： 张 鸿 侯婵婵

书 名	野外求知——初中地理野外考察	
出版发行	西安地图出版社	
地址邮编	西安市友谊东路334号 710054	
印 刷	北京厚诚则铭印刷科技有限公司	
开 本	787mm×1092mm 1/16	
印 张	6.25	
字 数	89千字	
版 次	2022年6月第1版 2022年6月第1次印刷	
书 号	ISBN 978-7-5556-0690-1	
定 价	68.00元	

编 委 会

主　编：刘　伟　唐文红

编　委：蔡晓秀　方　芳　龚湘玲　郭芳英　何婉君

　　　　林　宁　宋　茵　谢雪梅　曾译萱　钟小辉

（按姓名拼音排序）

前　言

当你走出家和学校的大门，自由地奔跑在野外的大地上时，你会发现天空是如此蔚蓝，花儿是那么烂漫，放飞自我的感觉是如此美好……我们的生活充满活力！

步入中学，我们将接触和学习许多新的课程，其中有一门课程专门探究我们人类的生存环境，那就是地理。走进地理的课堂，我们会发现大自然无奇不有，我们生活的世界色彩斑斓，充满魅力。地理之美源于生活，而发现地理之美需要我们有一双善于发现美的眼睛，更需要我们有背起行囊、迈开双脚、奔向自然的行动。

生活在深圳的我们，身边有着众多优质的地理资源，如福田区红树林、布吉甘坑村、笔架山公园、光明农场、仙湖植物园、大甲岛等。大部分学生在课堂上"掌握"的地理知识和地理技能，并不能很好地运用于现实环境；课堂虚拟情境下树立的"情感态度"和"价值观念"，难以内化成学生终身受益的地理素养。课堂与现实的脱节，归根结底是因为我们在地理教学中忽视了地理实践力这一核心素养的培养。"纸上得来终觉浅，绝知此事要躬行。"

　　2014年至今，本书编者和所在学校联合其他志趣相投的老师及学校，多次组织开展初中生地理野外考察活动，积累了丰富的考察素材和实践经验。我们扎根深圳，从深圳的自然环境和风土人情中汲取营养，结合理论知识，砥志研思、下马看花，最终编写了《野外求知——初中地理野外考察》。本书凝结了深圳市龙岗区外国语学校初中地理科组全体教师的智慧和心血。我们希望通过本书，将关于地理野外考察实践的思考和心得分享给一线的初中地理教育工作者，诚邀大家与我们一同践行地理实践力，同时，也希望本书能为各校校本课程、研究性课题、社团活动等的开展提供有力的支持。

深圳市龙岗区外国语学校　刘伟

2020年4月17日

目 录

第一章
地理野外考察前期准备

　　地理野外考察的活动地点往往选在户外，户外活动虽因空间宽广而充满乐趣，但也存在诸多不确定性因素，如有毒生物、天气、交通、地质、自然灾害等。地理野外考察的目的是发现地理之美，树立正确的人地和谐观，而不是户外大冒险。因此，地理野外考察的安全性和有效性备受关注。

　　让我们从最基础的前期准备入门，一同开启我们的地理野外考察之旅吧！

图1-1　野外考察前期准备团队

第一节　野外考察安全防护措施

　　深圳市作为中国首批经济特区，乘着改革开放的东风迅猛崛起，成为仅次于北京、上海、广州等的一线城市。深圳的原生自然环境和快速的城市化进程之间的矛盾冲突且尖锐，但深圳人用自己的智慧使得人与自然能够和谐相处，这为我们的地理野外考察提供了众多优质的自然和人文资源，但又因是野外考察，必然会存在很多安全隐患。

　　地理野外考察中常见的安全隐患有哪些？我们又该如何进行防护？

📖 常见危险

　　迷路、交通事故、有毒有害生物、地质隐患、气象灾害、外伤、意外伤害等。

📖 安全防护措施

（一）野外考察活动必备物品

深圳市内的野外考察通常可以当天往返，可随身携带以下物品。

　　每人一部高性能智能手机。现在的智能手机已经把指南针、GPS导航、手电筒、摄影、照相、录音、聊天、天气预报等户外常用功能囊括进来，让我们在野外考察中能够轻装上阵。

　　智能手机需提前安装好地理野外考察所需要的各种软件。比如打车软件、公交车和地铁支付软件、识别植物的形色软件、高德地图或百度地图、个人运动健康监测软件等。

　　双肩包、充电宝、望远镜、折叠式雨伞、轻薄雨衣、多功能瑞士军刀、遮阳帽（夏季常用）、饮用水、简洁食物。

　　医用酒精、纱布、创可贴、驱蚊水、驱风油、双飞人爽水、运动鞋、长裤（防止蚊虫叮咬腿部）。

　　卷尺、圆规等尺规作图工具，黑色中性笔、彩铅笔、水彩笔、橡皮、写字用的垫板、标本夹。

　　每人带适量现金，以备不时之需。

　　个人身份证、学生证。

　　部分过敏体质或体质较弱的学生应带好自己的常用药。

（二）野外考察活动的线路设计与交通安全

地理野外考察的目的地是明确的，这就要求参与考察的人员提前做好线路规划，例如可以上网查阅考察点的相关资料和各类地图，权衡利弊，规划出最佳的交通路线，同时还要做好替代方案。我们的考察地点并非人迹罕至的深山老林，所以智能手机强大的导航功能可满足一般考察使用，但不可掉以轻心，在野外仍需提高警惕，防止出现迷路等意外情况发生。

深圳便捷的交通网络给我们的野外考察节省了大量的路程时间，但也存在不少交通隐患。这就要求参与野外考察的同学做到眼看六路、耳听八方，严格遵守各项交通规则，在行程中不打闹、不追逐、不戴耳机听歌、不低头看手机，等等。同时，考察小组成员间应彼此照应，互相提醒，让野外考察的行程多一份安全保障。如果发生交通事故，应立即终止考察活动并报警送医，必须始终把安全放在第一位。

（三）有毒有害生物的防范和饮食安全

依山傍水的深圳位于北回归线以南，属于典型的亚热带季风气候，四季常青，万物茂盛，其中也不乏种类繁多的有毒有害生物。深圳常见的有毒有害生物涵盖爬行类、昆虫、真菌、被子植物、蕨类等。细心观察你就会发现竹叶青蛇、眼镜蛇、金环蛇、红火蚁、夹竹桃等也会出现在我们生活的小区绿化带中。对于这些有毒有害生物，我们要做到尽可能远离，不去触碰和招惹。野外考察时应做好防范工作，身上的鞋袜衣裤要整理好，最好用绳子扎紧裤脚，提前在身上喷洒驱蚊水、风油精，遇到茂密的草丛、树丛，要尽可能绕行，等等。例如，在红树林考察时必须要穿长裤，因为这里有一种叫蠓的小黑虫，特别喜欢叮咬人的小腿和脚踝，被咬后奇痒无比。

野外考察的饮食绝对不能马虎。除了自带的饮用水和食物外，绝对不能食用其他来历不明的东西，比如娇艳的野果、美丽的蘑菇、山间的溪水等等。食用自带饮用水和食物时也要注意个人卫生，防止病从口入。饮食后可以适当休息以防肠胃不适，避免剧烈运动。野外考察运动量极大，体能和水分的消耗巨大，出发前尽可能多带饮用水和食物，不在路边摊和小店购买三无产品，爱护自己的身体。

（四）远离存在地质隐患的区域和规避气象灾害

野外考察时务必做到走路不看景、看景不走路，以防踏空。观察、拍照和摘取标本时应选择站在平坦开阔的地方，不在悬崖峭壁和容易滚落碎石的地方停留。在雨季进行野外考察时，应避开河流溪谷和地质不稳定的地区，以防遭遇洪水、泥石流和山体滑坡。一些建筑施工的区域也要尽可能绕行，有禁止通行标志的地方更不能硬闯，以免发生意外。

天有不测风云，我们在选取野外考察出行时间的时候要在天气预报方面做足工作，避开雷暴、台风、寒潮、冰雹、高温、雾霾等气象灾害，选择在未来3～5天内相对晴天多、风雨少的时间段。同时还要做好预警机制，若突发恶劣天气状况，可以通过聊天软件发布通知，立即终止考察活动，在家避险。

（五）外伤和意外伤害处理

在野外考察活动中，划伤、擦伤时有发生，小伤口可以先用酒精清洗消毒，再用创可贴或纱布包扎。若伤口较大或发生扭伤、脱臼、骨折等，应立即送伤者就医，不能拖延。

野外考察对身体素质和心理素质的要求很高，野外考察人员组成要有严格的筛选流程。带队教师对队员的身体状况要清楚，心肺功能不健全、心理疾病、残疾、严重易过敏体质的学生尽量不纳入野外考察活动。有些考察队员可能有轻微的过敏、腹泻等常见问题，可以自己备好常用药物。

（六）签署野外考察活动协议书并购买短期意外险

发放野外考察活动通知书后，学生会陆续报名。鉴于野外活动的特殊性，指导教师需要对报名的学生进行严格的筛查，包括询问班主任、校医、家长、同学，确定一份初定成员名单。发放《野外考察活动学生

《家长声明》，一式两份，请家长确认签字，一份由家长自留，一份交给指导教师。

家长应给孩子购买一份短期旅游意外险，让野外考察活动多一重保障。可通过保险公司的手机APP购买，保单期限为活动当天，购买后将购买成功的截图发给指导教师留底保存。野外考察活动出发前要反复进行安全教育，仔细检查有无遗漏事项和物品。

作为一名遵纪守法的公民，我们在野外考察活动中应做到文明出游、绿色出行，做一名坚定的环保小卫士，爱护我们美丽的家园。

学以致用

1. 下列不属于地理野外考察活动常遇到的危险是（　　）。

A. 滑坡泥石流　　　　　　　　B. 绑架勒索

C. 有毒生物　　　　　　　　　D. 交通事故

2. （多选）野外考察要携带（　　）。

A. 单肩包　　　　　　　　　　B. 智能手机

C. 折叠雨伞　　　　　　　　　D. 尺规作图工具

3. （多选）如遇严重交通事故或者考察队员骨折，应该（　　）。

A. 立即终止考察活动

B. 立即报警送医

C. 自行处理，无须大惊小怪

D. 把伤员放在原地，继续完成考察任务

参考答案：1. B；2. BCD；3. AB

课后实践

通过本节课的学习，请各位队员回家后自己整理一个野外考察活动的背囊，下节课带到课堂与其他队员进行交流。

图1-2 深圳市龙岗区外国语学校代表队

图1-3 代表队成员

教学设计

（一）教学目标

1. 知识与技能

（1）知道地理野外考察中常见的危险。

（2）掌握地理野外考察中的安全防护措施。

2. 过程与方法

学生通过收集资料和小组合作交流，掌握野外考察的安全防护措施。

3. 情感态度与价值观

了解我们身边存在的安全隐患，学会合理规避，同时学会保护我们美好的生活环境。

（二）教学重点和难点

1. 教学重点

（1）识别常见的安全隐患。

（2）掌握基本的地理野外考察安全常识。

2. 教学难点

学习野外考察的安全防护措施，让学生树立安全意识和正确的人地协调观。

（三）教法策略

讲授法、设问法。

本节内容教师主要采取引导学生回忆和讲授新知识的方法。

（四）教学实施的程序

表1-1　野外考察的安全防护措施教学过程表

教学内容	教师组织和引导	学生活动	教学意图
导入新课，引出地理野外考察安全防护措施的必要性	简单讲解深圳的城市特点，引出深圳近30年来的快速发展给深圳带来了很多自然、人文资源，同时也隐藏了一些安全隐患。 教师：大家生活中发现的安全隐患有哪些？ 教师：很好，大家都很善于观察，但是我们这节课要学习的是野外考察中的安全隐患。现在请大家阅读课本，了解野外考察中的常见危险	阅读教材，了解野外考察中常见的危险。 联想生活实际，开始本节课的学习。 学生：生活中的安全隐患有闯红灯、打架、家里漏气漏电、高空抛物等。 阅读教材，了解野外考察中常见的危险有迷路、交通事故、有毒有害生物、地质隐患、气象灾害、外伤、急病等	讲解深圳的地位以及改革开放40多年来的变化，激发学生强烈的城市荣誉感，为后续的教学做准备
开始新授 讲解第一点：野外考察活动必备的物品 引导学生学会根据目的地的情况和自身的身体状况选择衣物的增减	教师：刚才大家已经了解了野外考察中常见的危险，那么面对这些危险我们应该如何处理？现在我们就一起来学习。 首先，先请大家看第一个小标题，野外考察活动必备的物品。 教师：深圳市内的野外考察通常可以一天内往返，所以随身携带的物品有哪些呢？ 教师：有的同学善于思考，很棒。一般来说一天内往返是不需要带额外衣服的，但是具体情况具体分析。如果你要考察的地方海拔比较高，可能会比较冷，这个时候你需要带件防寒	学生阅读课本。 学生：要一部高性能智能手机、双肩包、充电宝、折叠式的雨伞、遮阳帽、医用酒精、创可贴、驱蚊水、纸、笔、作图工具、垫板、少量零钱等。 学生：老师，一天内往返的话是不需要带额外的衣服吗	

教学内容	教师组织和引导	学生活动	教学意图
讲解每样必备物品的重要性	保暖的衣服。但是就深圳的山来说，海拔最高不过1000米，山顶和山脚的气温差没有那么大，所以可以不用带。但如果你比较容易出汗，可以带件替换的衣服，以防受凉感冒。 教师：现在的智能手机功能已经非常强大了，很多野外考察必备的软件都可以囊括进来，比如说最重要的导航软件（高德地图或百度地图），还有画平面图需要确定方向，这个时候就需要指南针，这个工具智能手机里也有。当然天气预报也很重要，我们预知了当地的天气状况，就可以减少很多不必要的损失和麻烦。此外，酒精、纱布和驱蚊水也是必要的。有的时候如果你要去树林里，最好穿长裤，以防被虫子咬伤。 最好也带一些现金，防止有些地方不支持手机支付。	学生边听边记录。	
讲解第二点：野外考察活动的线路设计与交通安全	教师：我们现在来看第二点，野外考察活动的线路设计与交通安全。一般我们每次考察的目的地都是明确的，所以需要大家提前做好线路规划	学生：百度地图、高德地图	

续 表

教学内容	教师组织和引导	学生活动	教学意图
	你所知道的线路规划软件有哪些?		
	教师:对,这些软件可以很好地帮助我们规划出行路线。出行时一定要选择安全的交通方式,而且行程的路上也一定要注意安全,绝对不允许追逐打闹、玩手机、戴耳机、打游戏,如果需要查看行走路线,一定要停留在安全区域内才可以查看,总之一句话"安全第一"。大家记住了吗?	学生:记住了。	
讲解第三点:有毒有害生物的防范和饮食安全	我们继续看第三点,有毒有害生物的防范和饮食安全。		
	教师:大家现在已经学过中国地理了,那么你们对深圳的位置、气候和地形有多少了解呢?	学生:深圳位于广东省的东南部,面朝南海,在北回归线以南的位置,所以属于亚热带季风气候,地形应该属于丘陵	
	教师:很好。深圳的植被属于常绿阔叶林,因此植被茂盛,种类繁多,也就给各种各样的小动物提供了栖身的场所,因此我们在进行野外考察的时候,一定要注意一些有毒有害生物的防范。比如生活中常出现的竹叶青蛇、眼镜蛇、夹竹桃等,要远离。如果要进入树林中进行标本采集,一定要注意穿长裤,而且裤脚要扎紧		

续 表

教学内容	教师组织和引导	学生活动	教学意图
	刚才讲的是周边有害生物的防范，那么对于我们自身而言呢？我们去某个旅游区总想尝尝当地的特色小吃，看到路边好看的野果子可能忍不住想摘下来品尝，这是不允许的。大家如果渴了，就喝自己带的矿泉水，饿了，就吃自己备的干粮。如果不够吃，在外购买时也不要贪便宜购买三无产品，总之要学会保护自己。	学生边听边记录。	
讲解第四点：远离存在地质隐患的区域并规避气象灾害	我们现在看第四点：远离存在地质隐患的区域并规避气象灾害。		
	教师：你们知道的地质隐患有哪些？	学生：悬崖边、峭壁等。	
	教师：大家都说得很对。悬崖边因为土质比较疏松，而且一般植被较少，所以相对来说不安全，因此大家在采集标本的时候一定要选取开阔平坦的地方。峭壁边常有碎石滑落，也要远离。在雨季进行野外考察时，也要注意避开河流溪谷这些地方，防止河水突然涨高带来的危险。		
	教师：深圳最常见的气象灾害是什么呢	学生：台风	

教学内容	教师组织和引导	学生活动	教学意图
	教师：是的，台风不仅仅会带来强降雨，还会带来大风天气，这两种天气现象都容易造成滑坡、泥石流等次生灾害的发生。所以大家外出考察时一定要选择一个好天气。		
讲解第五点：外伤和意外伤害处理	我们现在继续来看第五点：外伤和意外伤害处理。 教师：在野外考察中，难免会发生擦伤，如果伤口较小，可以先用酒精清洗消毒，再用创可贴或纱布包扎；如果伤口较大，或者有内伤，就要尽快就医，不能拖延。有的同学有轻微的过敏或腹泻等常见问题，可以自备常用药品。	学生边听边记录	
讲解第六点：签署考察活动协议和购买短期保险	接着大家再看最后一点：签署考察活动协议和购买短期保险。签署考察协议是为了让大家更清晰地认识到本次活动的流程及相关注意事项。购买保险则是让大家的安全多一份保障		
总结收获	总之，野外考察排在第一位的一定是安全，只有在保证安全的前提下，我们才能进行考察。那么作为深圳市的公民，大家在考察的过程中也要注意保护美好的自然环境，做一名坚定的环保卫士	学生边听边记录	培养学生正确的人地协调观和保护环境的意识

（五）参考资料

（1）在野外遇到滑坡、泥石流应该怎么处理？

当遇到滑坡时，首先不要顺坡跑，而应向两侧逃离。当遇到高速滑坡无法逃离时，不要慌乱，如果滑坡呈整体滑动，可原地不动或抱住大树等物。当遇到泥石流时，要向泥石流前进方向的两侧山坡跑，切不可顺着泥石流沟向上游或向下游跑，更不要停留在凹坡处。同时，要注意避开河道弯曲的凹岸或地方狭小、高度又低的凹岸，不要躲在陡峻的山体下，防止坡面泥石流或崩塌的发生。当遇到崩塌时，要选择正确的撤离路线，不要进入危险区，可躲避在结实的障碍物下，或者蹲在地坎、地沟里，还要注意保护好头部，不要顺着滚石方向往山下跑。

（2）在野外生存中，如何有效分辨有毒与无毒植物？

一般来说，被虫吃过的是没毒的，而颜色越鲜艳的越有可能有毒。比较科学的判断方法是将采集到的植物割开一个小口，放进一小撮盐，观察这个小口的颜色是否改变，变色的则可能是有毒植物。

第二节　野外考察团队建设和
常用考察工具的使用

地理野外考察是一项团队考察行动，不是一个人的荒野求生。因此，组建一支组织性、纪律性强的团结互助的考察队，对地理野外考察活动的有效开展至关重要。

团队建设

通常情况下，一名指导教师最多可以指导和监督4组队员，每组4人。分组方式有很多种，可以自由组队，也可以通过抽签分组，还可以由指导教师通过权衡性别比例与综合能力进行分组。小组成立后，指导教师可以组织一些挑战性强且富有趣味的分组游戏作为团队破冰仪式。每个小组要推举一名组长，由小组长负责队员的联络、考勤、分工、监督等工作。组长的首要任务是建立小组线上联系群（如QQ群、微信群等），完善活动成员分组信息表（见表1-2），并将完善后的表格上传到线上联系群，方便野外考察团队的联络沟通。

表1-2　活动成员分组信息表

分组	姓名	班级	身份证号	学生电话	父母电话	购买保险
A						
B						
C						
D						

　　团队建设后，各小组可以彰显自己的团队文化。比如，炫酷的队名、独特的队歌、响亮的口号、有统一标志的衣物等等。

常用考察工具的使用

在考察过程中，学生都能迅速掌握大多数考察工具的使用方法，但野外考察时间有限，因此高效、精准地使用考察工具非常重要。对于常见的技巧，指导教师需要在出发前对学生进行指导，例如导航技巧和摄影技巧。

（一）导航技巧（如高德地图等）

导航软件的普及极大地方便了我们规划出行路线。以从龙岗区外国语学校至仙湖植物园总站为例，我们可以选择的出行方式有多种。基于低碳环保、绿色出行的理念，考察活动首选公共交通方式，如地铁、公交车、骑行和步行。但考虑到较少有可以直达目的地的公共交通，基本上都需要采用多种交通工具相结合的出行方式。如某组队员给出的路线：从龙岗区外国语学校出发步行至大运中心体育馆公交站—乘M446公交车至大运地铁站—乘地铁3号线至翠竹站—步行至留医部②公交站—乘202公交车至仙湖植物园站—步行至仙湖植物园正门。交通方式多样，换乘次数多，最佳方案的敲定需要小组成员密切配合，周密商讨，这对学生读图能力和路线规划能力的提升非常有帮助。

（二）摄影技巧

要准确真实地反映被观察事物的特征，拍照时就需要注意以下问题：

（1）构图要饱满，被拍事物居于照片的中央且大小合适，不宜过大或过小。

（2）拍照时要持稳手机，不能抖动、晃动，避免影像模糊。

（3）利用自然光，尽量不用闪光灯，同时避开逆光方位。

（4）为了确定被拍物体的大小比例，可以在旁边放一枚硬币做参照。

（5）拍摄静物时，要合理利用散射光和强光，对无关紧要的物体可以进行虚化处理。

（6）拍摄动物的难度较高，特别是昆虫和飞鸟，这需要队员选好隐蔽的拍摄地点，眼疾手快地抓拍动物。

（7）拍摄岩石矿物时，可以用清水冲洗掉岩石矿物表面附着的尘土或风化层，置于强光下拍摄效果更好。

（8）可以让组员出现在镜头中来证明照片是自己野外考察时拍摄的。

📖 学以致用

（1）根据指导教师的要求，完成野外考察四人小组的分组与团队建设。

提示：指导教师可采取破冰小游戏的方式对学生进行分组，引导组员互相认识，并交换个人信息，加强团队凝聚力。

（2）规划一条从龙岗区外国语学校至大鹏所城的交通路线图，选取绿色低碳的交通方式。

提示：关键词是绿色低碳的出行方式，所以一般是公共交通工具，而且出发点是龙岗区外国语学校，不是某个队员的家。

（3）采用指导教师教授的摄影技巧，用手机拍摄一张玄武岩标本的照片，然后进行组间交流。

提示：拍玄武岩标本的照片，首先要能正确辨别玄武岩。玄武岩的外形特点是块状构造，致密，黑色或绿黑色，杏仁状或气孔状构造，有时候可以看到橄榄石和辉石斑晶。照片如图1-4所示。

图1-4　玄武岩标本

课后实践

各考察小组完成活动成员分组信息表，提交给指导教师并上传到线上联系群。

图1-5　初中地理野外考察联盟

教学设计

（一）教学目标

1.知识与技能

（1）初步了解团队合作的重要性。

（2）掌握地理野外考察常用工具的使用方法。

2.过程与方法

（1）通过团队合作，提高野外考察的有效指数和安全指数。

（2）通过团队合作，熟练掌握野外考察常用工具的使用方法。

3.情感态度与价值观

（1）通过小组合作的方式，增强学生团队合作的意识和能力。

（2）通过使用常用的野外考察工具，提高学生的社会生存能力。

（二）教学重点和难点

1. 教学重点

（1）野外考察团队建设的训练。

（2）野外考察常用工具的使用。

2. 教学难点

（1）野外考察四人小组的分组与团队建设。

（2）能够自主设计绿色低碳的交通路线图。

（三）教法策略

讲授与实操同步进行法。

本节内容较生动有趣，而且对学生的综合能力有一定的要求，所以学生要认真听取教师的讲授步骤，边听边操作，这样掌握起来会更快。

（四）教学实施的程序

表1-3　野外考察团队建设和常用考察工具的使用教学过程表

教学内容	教师组织和引导	学生活动	教学意图
导入新课，引出野外考察团队合作的重要性	对野外考察团队合作的重要性进行简单介绍	学生做好分小组、认识新朋友的准备	提高学生的沟通能力，培养学生乐观、阳光的性格
开始新授教师讲解第一部分：团队建设	引导学生意识到野外考察不是一个人的荒野求生，而是一个团队的相互协作，所以大家应该组建一个组织性、纪律性强的团队。		
教师组织学生进行野外考察小组的组建	教师：大家可以通过抽签或者一些趣味性比较强的分组游戏，来寻找自己的队友，不建议每个小组只有女生或者只有男生，大家应该男女搭配，而且	学生按照教师指令分小组，4人为一组，同时确定小组长	通过破冰小游戏增进同学间的了解，消除尴尬，为后续

续表

教学内容	教师组织和引导	学生活动	教学意图
	要有能力强弱的交叉搭配，这样对进行后面的考察任务有帮助。选好小组以后，每个小组还要选出一个组长，组长一定要有很强的责任心，并比较细心。		的团队合作打下基础。
教师指导各小组收集必要信息，建立通联	教师：小组确定好以后，就需要大家互相认识，了解兴趣爱好，增进友谊。此外还需要收集每个队员的QQ或微信，同时建好联系群，完善活动成员分组信息表，同时转成电子版上传至联系群共享，以备不时之需。	小组长确定小组成员的各项信息，完成表格，同时提醒每位队友记得提醒父母购买保险。小组长制作电子版通联，上传至联系群。	收集必要信息，组建团队通联，进一步增进队友间的了解。
	教师：大家组好自己的队以后，为了提高本队的辨识度，可以起一个响亮的队名和口号，也可以设计有统一标志的衣物。	小组长带领队员设计标志，讨论统一的服装。	
教师讲解第二部分：常用考察工具的使用	教师：现在我们来看第二部分常用考察工具的使用。	学生：各种地图软件、照相机、录音机、形色识别植物的软件等	为使野外考察顺利进行，对考察工具的使用方法进行讲解
	教师：大家对智能手机中的聊天软件肯定非常熟悉，但是我们野外考察使用聊天软件的次数较少，在需要联络的场合才用得到，主要用到的考察工具，大家知道有哪些吗？		
教师讲解导航技巧	教师：好，有的同学看来是个手机软件达人，了解得非常多，我们就来详细看一下导航技巧和摄影技巧。首先，请同学们打开手机中老师之前让大家下载的高德地图或百度地图		

教学内容	教师组织和引导	学生活动	教学意图
教师边讲解边进行操作，时刻关注学生的学习进程，确保每个学生都能学会	教师：我们以仙湖植物园为例。一般来说，出发点是学校。因此，请大家把出发点设置为龙岗区外国语学校，目的地设置为仙湖植物园。 教师：设置好以后，软件会自动帮你规划出三种路线的线路图。 教师接：对，大家可以根据时间预留和费用预算选择适合自己小组的路线。为了保证路途的安全性，大家最好选择公共交通出行。如果换乘次数较多，需要小组成员密切配合，讨论出最佳的出行方案	学生跟随教师指令打开手机导航软件。 学生：有换乘最少，有时间最短，还有费用最低	指导学生选择绿色出行方式，爱护环境从身边的小事做起
教师讲解摄影技巧	我们接着看摄影技巧。考察活动的摄影技巧最重要的一个要求就是要准确真实地反映被观察实物的特征。因此拍照时要拿稳手机，避免影像模糊。在自然环境下最好使用自然光线，同时要注意避开逆光方向。拍摄静物时，可以适当将背景虚化，突出主体；拍摄动物时，因为是动态的，最好找一个安全的藏身之处，安静迅速地抓拍；拍摄岩石矿物时，最好把表面附着的尘土清理干净，在强光下拍摄。最后别忘了让队友们入镜，证明照片是自己在野外考察时拍摄的	学生边听边记录	培养学生的摄影能力，提高学生的审美能力

续　表

教学内容	教师组织和引导	学生活动	教学意图
总结	大家要互相关爱自己的队友，学会关心他人，组建起一个强大的有纪律性的团队，团队中的成员分工要明确，要细化，而且要有监督，团队的每个成员都要能熟练运用所需要的考察工具。杜绝出现某一个队友一个人完成所有人的任务，确保每个队员都有发展和成长的机会	学生边听边记录	培养学生的团队合作能力。通过运用考察软件，提高学生的社会生存能力

（五）参考资料

1.团队破冰仪式的一些小游戏

（1）一元几角

目的：训练思维敏捷、随机应变。

时间：5～10分钟。

内容：

① 男组员价值是5角，女组员是1元。

② 主持人说出一个数目，男、女组员依数目自由组合。例如3元，就是3女、2女2男或6男。

③ 每次尽快说出数目，组员要迅速成组。

④ 落单未成组的，视为输。

变化：男、女的价钱可调转。例如男组员是1元，女组员是5角。

（2）同舟共济

目的：锻炼耐力。

时间：10～15分钟。

材料：每队一张报纸，预备数张报纸做后备之用；领队用的哨子。

内容：

① 组员以平均人数分队，每队3～4人。每队分派一张报纸，将报纸铺在地上。

② 听到信号后，所有队员一起站到报纸上，不可弄破报纸，若报纸破损则要重新拿一张报纸，继续游戏。

③ 全体队员能够长时间两脚都站在报纸上即为胜利。

（3）找名字

目的：考眼力及合作精神。

时间：15分钟。

材料：旧报纸、胶水、纸。

内容：

① 全组一分为二。

② 每组各发报纸一份、纸一张及胶水一支。

③ 听到组长的信号后开始在报纸上寻找与组内所有成员姓名相同的文字，并撕下贴在纸上。

④ 规定时间内找到组员名字最多的组，即为胜利。

2. 其他考察工具的介绍

（1）形色软件——识别植物

使用方法：打开形色软件，点击中间的拍照按钮，将需要识别的植物放在方框中，保持手机稳定，不要晃动，稍等几秒就可以出现需要识别的植物的名称。

（2）星图软件——识别星座、深空天体

使用方法：在晴朗的夜空打开星图软件，确定手机已经打开定位功能。打开定位功能执行这一步是因为需要确定经纬度，使得识别的天体更加准确，接着将手机对准你想要认识的天体。一般我们肉眼可见的天体亮度为六等星，也就是说你的屏幕中最亮的那颗星，就是你观察的天体，这个时候看相对应的名称即可。

第二章
地理野外考察实践

　　天蓝海阔的红树林滨海大道、客家味浓的布吉甘坑小镇、高楼环绕的笔架山公园、充满田园乐趣的光明农场、物种繁多的仙湖植物园、宁静幽僻的大甲岛，每一处都有独特的自然风光和人文韵味。

　　本章节以地理野外考察任务单为驱动，各考察小组按照制订的计划进行考察，指导教师在指定地点给予指导，答疑解惑。学生完成考察任务单上的任务后，整理考察成果资料，准备考察成果的展示和答辩。

　　队员们，现在让我们走出校园，跟随指导教师一起开展地理野外考察实践活动吧！

图2-1　地理野外考察实践团队

第一节 福田红树林考察

📖 考察任务单

表2–1 福田区红树林生态公园考察任务单

<table>
<tr><td colspan="2" align="center">深圳市龙岗区外国语学校野外考察任务单
团队：_____ 考察时间：_____ 考察地点：红树林海滨生态公园</td></tr>
<tr><td>1.
简
介</td><td>红树林自然保护区位于深圳湾畔，占地面积约367.64公顷，其中有70公顷的天然红树林，有22种红树类植物。该自然保护区是我国面积最小的国家级自然保护区，被生态专家称为"袖珍型的保护区"。这里空气清新，景色宜人，非常适合徒步</td></tr>
<tr><td>2.
户
外
任
务</td><td>该部分考察活动结束后统一在"北湾鹭港"将答题卷交给带队老师。
1.规划便捷、省钱的"龙岗区外国语学校—红树林海滨生态公园"的交通方案（10分）
2.拍摄公园入口处黄色石头标志的四人合影照（5分）
3.考察红树林的避雨长廊，并绘制其平面图，标注完整的地图三要素（25分）
4.采集三种代表性红树类植物叶片，用胶带固定在答题卷的相应位置并标明物种名称和分类（15分）
5.小组各成员20元午餐体验：尽可能让自己的午餐丰富多样并做好记录（10分）
6.记录是否有游客干扰红树林鸟类生存的不良行为（注意保护游客隐私）（10分）
7.根据小组考察成果，为红树林海滨生态公园设计一条一日游线路。简单绘制游览线路图，并附350字左右的简介说明（25分）</td></tr>
</table>

续表

深圳市龙岗区外国语学校野外考察任务单		
团队：_____	考察时间：_____	考察地点：红树林海滨生态公园
3. 室 内 任 务	制作PPT课件，汇报展示考察任务（展示限时10分钟） 1.展示考察小组绘制的避雨长廊平面图、采集的红树类植物叶片标本、20元午餐体验、游客干扰红树林鸟类生存的不良行为以及与户外试题相关的合影照片等 2.拍摄公园中生活的五种鸟类照片。要求每张照片至少有1名队员的身影 3.解说小组设计的红树林公园一日游线路和旅游景点，要求旅游线路上的旅游景点至少要有2名队员的工作照 4.4名组员全员参加展示和答辩环节（答辩题目由评委随机给出）		

📖 **考察任务答题卷**

参照附表（本书第86页）。

📖 **温馨提示**

在红树林观鸟特别是观察黑脸琵鹭（深圳湾红树林保护区的代表性鸟类和国际濒危物种），最好选在11月、12月的早晨7点至9点，带望远镜。同时做好防晒。景区免费，景区门口提供自行车租赁服务。

图2-2 红树林海滨生态公园

教学设计

(一)教学目标

1.知识与技能

（1）知道红树林的定义，认识代表性的红树林植物，并采集制作叶片标本。

（2）认识红树林中栖息觅食的代表性鸟类。

（3）举例说明保护和开发红树林的重要性。

2.过程与方法

收集资料，实地考察，小组合作探究，让学生认识到保护红树林的重要性。

3.情感态度与价值观

实地考察，让学生了解到我们身边存在很多干扰、破坏红树林生态环境的不良行为，鼓励学生参与保护生态环境，做有修养、有环保意识的深圳人。

(二)教学重点和难点

1.教学重点

（1）认识代表性的红树林植物，并采集制作叶片标本。

（2）举例说明保护和开发红树林的重要性。

2.教学难点

举例说明保护和开发红树林的重要性，让学生树立正确的人地协调观。

(三)教法策略

考察法、合作探究。

本节内容学生通过小组合作探究，亲身实践去考察红树林生态环境，教师从旁指导和答疑。

（四）教学实施的程序

表2-2　福田区红树林教学过程表

教学内容	教师组织和引导	学生活动	教学意图
导入新课，引出红树林的概念	简单讲解红树林的定义，让学生了解基本的红树林知识。 教师：红树林的红树是一种植物吗？ 教师：很好，红树不是一种植物，而是一个植物群落	学生查询红树林定义。学生说是。有个别学生说不是。 通过手机上网查询，得知红树林是生长在热带与亚热带海岸潮间带滩涂上的木本植物群落。由于涨潮时红树林被海水部分淹没，仅树冠露出水面，故被称为"海上森林"；有时完全淹没，只在退潮时才露出水面，因此也有人称之为"海底森林"	引导学生学会用定义法认识专业术语
野外考察第一步：规划交通线路	规划最便捷、最省钱的"龙岗区外国语学校—红树林海滨生态公园"的交通方案	各考察小组在活动前进行了导航，规划出各自认为最便捷、最省钱的交通方案	提高学生读图识图能力，体现了地理学科的有用性
第二步：考察小组合影	拍摄公园入口处黄色石头标志四人合影照，上传到广东省奥赛决赛QQ群。 有个别组太过兴奋，忘记拍照。教师提醒他们抓紧时间回去拍合照	各考察小组的自拍技能都不错，小组四人全部清晰、完整地入镜，并以黄色石头标志为背景	培养学生的团队意识，养成收集素材的能力
重难点环节	考察红树林的避雨长廊，并绘制其平面图，标注完整的地图三要素。 教师告知学生，绘制平面图一定要有地图的三要素，缺一不可	此时学生可能无从下手，找不到头绪。 经过教师指导，他们开始有了思路。分工协作，开始测量和绘图	培养学生的绘图能力，学会把课堂知识运用到实践中

教学内容	教师组织和引导	学生活动	教学意图
分工协作	记录游客干扰红树林鸟类生存的不良行为案例。 拍摄公园中生活的五种鸟类照片，要求每张照片至少有一名队员的身影。 教师可以建议除了绘图的同学，其他组员去完成其他考察任务	绘图可能只需要两人协作，为了节约时间，其他两名同学可以利用早上鸟儿活跃的黄金时段，抓紧时间观察鸟儿活动，拍照记录游客不良行为。	培养学生的统筹能力，学会合作分工。培养学生的人地协调观。
午餐时间	小组各组员20元午餐体验：尽可能让自己的午餐丰富多样并做好记录。 教师：野外考察是很艰苦的，如何用最少的成本维持大伙的体能呢	绘图的同学还未完成避雨长廊平面图。 学生在长廊旁边的便利店询问水和食物的单价，权衡价格与卡路里，选择各组认为最佳的20元午餐方案	吃苦耐劳、艰苦奋斗的精神是地理人的必备品质
制作植物叶片标本	采集三种代表性红树类植物的叶片，用胶带固定在答题卷的相应位置并标明物种名称和分类。 教师提醒考察成员采集叶片标本，叶片要完整无破损，有花和果实的枝条不要。避免对红树林造成干扰和破坏	学生在滨海大道边的红树林边摘取不同类型的红树类植物叶片标本。 部分组员摘取了有花和果实的枝条	提高学生制作简易植物叶片标本的技能，同时形成护林的意识
徒步疾行，体能大考验	教师提前到交通示意图制订的终点北湾鹭港，等待考察小组的到来。 可能教师的体能消耗也几近极限了，可以通过午餐补充能量。教师可以抄近道，走林荫大道，约耗时40分钟	学生做好任务单的大部分题目，除了室内任务的规划一日游路线一题。 小组4人共同进退，在徒步的过程中记录滨海大道沿线景点。 学生大约耗时1小时	锻炼体质，陶冶身心

续 表

教学内容	教师组织和引导	学生活动	教学意图
考察任务收尾	教师核验考察任务单完成的情况，并提醒各组完成一日游路线规划，可以图文并茂	小组成员找到座椅，开始规划线路，同时补充水分。 队员上交考察任务答题卷	地理知识对生活非常有用
返程	教师和学生一同乘坐公交车至龙岗。 教师要求考察队员到家后在QQ群签到	个别学生乘坐地铁或其他大巴车直接回家	学生在QQ群报备

第二节　布吉甘坑客家小镇考察

📖 考察任务单

表2-3　布吉甘坑客家小镇考察任务单

龙岗区外国语学校野外考察任务单
团队：_____　考察时间：_____　考察地点：布吉甘坑客家小镇

1.简介	甘坑客家小镇位于深圳市龙岗区布吉街道甘坑社区，在2012年，由北京大学研究院进行总体规划，在原来古村落的基础上开发成为著名旅游景点。小镇总面积约311.2公顷，共分为六大板块，即文化休闲区、特色产业区、农耕体验区、湿地科普区、农业观光区、山地运动区
2.户外任务	该部分考察活动结束后统一将答题卷交给带队教师。 1.利用GPS定位找出甘坑村的具体经纬度坐标范围（10分） 2.小组成员采访当地村民，了解甘坑村的历史由来，要求有照片和文字记录（20分） 3.结合甘坑客家小镇的位置图和卫星图，推断甘坑客家小镇的主要地形，并在地图上标出小镇的河流和道路，分析甘坑客家小镇的形成条件及其与自然环境的关系（30分） 4.记录是否有游客在游览甘坑客家小镇时出现不良行为（注意保护游客隐私）（10分） 5.根据小组考察成果，根据区域平面图设计出甘坑客家小镇的游览线路。简单绘制游览线路图，并附350字左右的简介说明（30分）

续表

	龙岗区外国语学校野外考察任务单
	团队：_____ 考察时间：_____ 考察地点：布吉甘坑客家小镇
3.室内任务	制作PPT课件，汇报展示考察任务（展示限时10分钟） 1.展示考察小组采访当地村民的照片和文字记录、游客在游览甘坑客家小镇的不良行为以及与户外任务相关的合影照片等 2.展示并分析甘坑小镇的地形，展示标明小镇河流和道路的地图，展示并分析甘坑客家小镇的形成条件及其与自然环境的关系 3.解说小组设计的甘坑客家小镇一日游线路和旅游景点，要求旅游线路上的旅游景点至少要有2名队员的工作照 4.4名组员全员参加展示和答辩环节（答辩题目由评委随机给出）

考察任务答题卷

参照附表（本书第86页）。

温馨提示

甘坑客家小镇免费对外开放，但内部不少建筑还在修葺，考察时需要注意避开这些区域，亭台楼榭和河湖边需防坠落、防溺水。

图2-3　学生正在进行考察

教学设计

（一）教学目标

1.知识与技能

（1）绘制甘坑村平面图。

（2）设计甘坑村游览线路。

（3）了解甘坑村客家人的迁移历史。

2.过程与方法

（1）利用GPS定位找出甘坑村的具体坐标和方位，量取相应两个参照物之间的实地距离和图上距离，计算所绘平面图的比例尺，依据实地游览和观测的景点设计平面图的图例和注记。

（2）实地观察甘坑村地形、河流、道路等因素，分析甘坑村的形成条件及其与自然环境的关系，同时通过自己的游览体验设计一条合理的游览线路。

（3）采访当地村民，了解甘坑村的历史由来。

3.情感态度与价值观

（1）与小组成员合作探究，分工协作共同完成野外考察任务，培养与他人合作分工的意识。

（2）探访当地村民，提高学生交际表达和归纳的能力。

（3）通过一系列考察，懂得保护古村落的意义。

（二）教学重点和难点

1.教学重点

掌握绘制景点平面图的方法和步骤。

2.教学难点

设计景点游览线路图。

（三）教法策略

小组合作探究法。

本节内容主要是教师带领学生进行野外考察，学生之间采取小组合作探究法完成相应任务。

（四）教学实施的程序

表2-4　布吉甘坑客家小镇考察教学过程表

教学内容	教师组织和引导	学生活动	教学意图
导入新课，激发学生探究考察的兴趣	教师给学生简单介绍甘坑村的基本情况，同时讲述甘坑村的古老传说，激发学生野外考察的兴趣。 同时回顾野外考察注意事项，提醒学生外出注意安全	学生通过网络获得甘坑村的一些基本情况介绍，以及通过百度地图等电子地图，获取甘坑村基本行车路线和平面图，为野外考察做好准备	讲解甘坑村的基本情况，并提醒学生野外注意事项，为后期野外考察做好准备
野外考察	教师：首先，请大家看第一个任务，利用GPS定位找出甘坑村的具体经纬度坐标和方位。 教师：定位好的经纬度位置，标准书写格式应该先写什么，后写什么？ 同学们一定要注意书写格式规范化和标准化。 教师：确定了正门的方位就可以为接下来绘制甘坑村平面图确定方位	学生打开手机指南针功能，定位甘坑村正门的经纬度位置和正门朝向，并在草稿纸上做好记录。 学生：先写纬度，再写经度	通过教师引导，学生以小组合作的方式开展野外考察，运用现代科技软件和实地访谈，获取所需资料，完成考察任务，掌握绘制平面图和设计旅游路线的技能

教学内容	教师组织和引导	学生活动	教学意图
野外考察任务布置以及注意事项讲解	教师：我们现在来看第二个任务，小组成员采访当地村民，了解甘坑村的历史由来，要求有照片和文字记录。 教师：我们的采访主要有哪些问题呢？ 教师：学生们的问题都非常实用，在提问的同时记得做好图片和文字记录，以备后期结合甘坑村的地形、气候、河流、土壤等地理要素分析问题。 我们继续看第三点：结合甘坑客家小镇的位置图和卫星图，在地图上标出甘坑客家小镇的主要地形、河流、道路，分析甘坑客家小镇的形成条件及其与自然环境的关系。 教师：大家尤其要注意甘坑村传统凉帽和水果产业与自然地理环境的关系。	学生：利用指南针确定甘坑村正门的方位有什么用处？ 学生：可以问问甘坑村客家人的迁移历史，老家是哪里的，为什么选择甘坑村这个地方作为定居点；甘坑村这里的居住环境怎么样，以及历代在甘坑村的祖辈们以什么为生存之计。 学生结合教材中给出的参考平面图、位置图和卫星图，标出甘坑客家小镇的主要地形、河流、道路，结合刚刚对村民的采访，分析甘坑客家小镇的形成条件及其与自然环境的关系。 走访甘坑村旅游景点，同时记录游客的不良行为	
学生小组合作探究完成野外考察任务，并绘制好平面图	我们现在看第四点：记录是否有游客在游览甘坑客家小镇出现不良行为。 教师：同学们，你们知道保护古村落的意义吗		

教学内容	教师组织和引导	学生活动	教学意图
	甘坑村可以说是繁华深圳所剩不多的世外桃源,这里淳朴的民风民情、幽静秀美的自然环境、独特的客家文化是我们的文化瑰宝,所以大家一定要懂得保护和珍惜古村落给我们留下的宝贝。		
学生小组合作探究设计游览路线	教师:我们现在继续来看第五点,根据小组考察成果和区域平面图设计出甘坑客家小镇的游览线路。简单绘制游览线路图,并附350字左右的简介说明。	学生回答:百度地图、高德地图。	
	教师:确定好绘制平面图的地图四要素,方向、比例尺、图例和注记。然后依据给出的参考平面图绘制甘坑村平面图,同时在平面图上规划旅游路线,并附上文字说明。	学生:如何确定平面图的方向、比例尺、图例和注记?	
	教师:方向用手机指南针软件确定;比例尺需要量取选择的两个参考地点的实地距离以及准备绘制在平面图上的图上距离,然后依据公式:比例尺=图上距离/实地距离(切记距离单位统一),算出来所绘平面图的比例尺;图例和注记可以依据基本地理要素和所游览的景点合理设计	小组合作探究绘制甘坑村平面图和游览线路,并写好说明文字	

教学内容	教师组织和引导	学生活动	教学意图
总结收获	总之，野外考察排在第一位的一定是安全，只有在安全的前提下，我们才能完成考察任务。这一次野外考察，希望同学们掌握绘制平面图和设计旅游线路的基本方法，同时通过采访，培养交际能力，最终把保护古村落的意识深入脑海中	学生边听边记录	培养学生正确的人地协调观，培养学生保护古村落的意识

第三节　笔架山公园考察

📖 考察任务单

表2-5　笔架山公园考察任务单

龙岗区外国语学校野外考察任务单
团队： _____ **考察时间：** _____ **考察地点：深圳市笔架山公园**

1. 简 介	笔架山公园位于深圳市中心北侧，毗邻福田中心区，面积146公顷，是一片由十余座小山峰组成的丘陵起伏地，属山地公园。其三座主峰东西鼎立，形同笔架，因而得名笔架山。公园与地王大厦遥遥相望，从峰顶可俯瞰深圳繁华的都市风貌，又可远眺香港上水、元朗的美景。公园内地形富于变化，动植物资源丰富，风景优美，是市民休闲娱乐的好去处
2. 户 外 任 务	该部分考察活动结束后统一将答题卷交给带队教师。 1.挖掘土壤剖面并拍摄照片，收集土壤样本，用胶带固定在答题卷的相应位置，并填写土壤剖面调查记录表（20分） 2.找到笔架山公园的山峰、山脊和山谷，分别拍摄照片，要求每张照片至少有一名队员的身影（20分） 3.根据网上资料和考察成果，绘制简单的笔架山等高线地形图，在图上标注出山峰、山脊和山谷，并判读坡的陡缓（30分） 4.根据小组考察成果，为深圳市笔架山公园设计一条一日游路线。简单绘制游览线路图，并附350字左右的简介说明（30分）
3. 室 内 任 务	制作PPT课件，汇报展示考察任务。（展示限时10分钟） 1.展示考察小组收集的土壤样本、土壤剖面照片和调查记录表、队员与山地不同部位的合照、小组绘制的简单的笔架山等高线地形图，以及与户外试题相关的合影照片等 2.解说小组设计的深圳市笔架山公园一日游路线和旅游景点，要求旅游线路上的旅游景点至少要有2名队员的工作照 3.4名组员全员参加展示和答辩环节（答辩题目由评委随机给出）

📖 **考察任务答题卷**

参照附表（本书第86页）。

📖 **温馨提示**

景区免费开放，登山过程中注意安全。

图2-4　笔架山公园

（一）教学目标

1.知识与技能

（1）了解土壤分布情况。

（2）绘制简单的笔架山等高线地形图，会辨别不同的山体部位。

（3）设计一条笔架山公园一日游路线。

2.过程与方法

（1）挖掘土壤剖面和查阅资料，了解笔架山的土壤分布情况以及改善土壤肥力的方法。

（2）观察和实地测量，绘制简单的笔架山等高线图。

（3）观察和小组讨论，设计一条合理的笔架山一日游路线。

3. 情感态度与价值观

（1）通过野外实地考察，学生养成应用地理思维观察和分析的习惯。

（2）小组分工协作，共同完成野外考察任务，培养分工及团队合作意识。

（二）教学重点和难点

1. 教学重点

（1）土壤剖面基本情况。

（2）绘制笔架山等高线图。

2. 教学难点

（1）绘制笔架山等高线图。

（2）设计合理的笔架山一日游路线。

（三）教法策略

任务驱动法、合作探究法。

本节内容主要由教师带领学生去考察笔架山，以考察任务单为驱动，学生通过小组合作探究，在教师的指导下完成考察任务。

（四）教学实施的程序

表2-6 笔架山公园考察教学过程表

教学内容	教师组织和引导	学生活动	教学意图
导入新课，激发学生探究考察的兴趣	1.教师给学生简单介绍笔架山的基本情况，同时展示相关图片，激发学生野外考察的兴趣 2.回顾野外考察注意事项，提醒学生外出注意安全 3.做好分组，明确小组成员分工	1.学生通过网络获得笔架山的一些基本情况介绍 2.学生通过百度地图等电子地图，获取平面图，为野外考察做好准备	介绍笔架山的基本情况，做好安全教育

教学内容	教师组织和引导	学生活动	教学意图
野外考察	教师：首先，请大家看第一个任务，挖掘土壤剖面，拍照并收集土壤样本，用胶带固定在答题卷的相应位置，并填写土壤剖面调查记录表。	学生打开考察任务单，阅读第一项考察任务。	通过教师引导，学生小组合作探究掌握野外挖掘土壤剖面并记录观察结果的方法。
	教师：挖掘土壤剖面是同学们之前没接触过的东西，老师先给大家看几张土壤剖面图。同学们想想怎样才能获得土壤剖面。	观察、思考。	
	教师：接下来老师来给大家支支招。挖掘土壤剖面有几点要注意： 1.选择比较稳定的土壤发育条件，地形平坦稳定，不宜在路旁、沟附近，粪坑附近等受人为扰动很大的地方挖掘。 2.将表层3～5 cm土壤及杂草、碎石去除，垂直挖一个长150 cm、宽80 cm、深100 cm的坑。 3.剖面的观察面要垂直向阳，便于观察。挖出的表土和底土要堆在土坑的两侧，以便观察完之后回填。	学生边听边记录。 学生认真听注意事项，之后分组合作开始挖掘并记录土壤剖面。	
	教师：同学们不要急着动手挖，接下来我们再了解一下记录土壤剖面的注意事项，要记录好土壤剖面所在的位置、地形部位、植被分布情况、土壤利用情况。地形剖面图要按比例尺画，注明方向。	辨别笔架山的山峰、山脊、山谷并拍照。	学生学会绘制简单等高线
	大家都完成第一个任务了吧？接下来的第二个任务对同学们来说不是难事：找到笔架山公园的山峰、山脊和山谷，分别拍摄照片，要求每张照片至少有一名队员的身影。大家分组行动吧	学生回忆并回答绘制等高线地形图的基本步骤	

教学内容	教师组织和引导	学生活动	教学意图
野外考察	教师：我们来看第三个任务，根据网上资料和考察成果，绘制简单的笔架山等高线地形图，识别山峰、山脊和山谷，并判读坡的陡缓。大家还记得等高线怎么绘制的吗？	学生：卫星云图。	
	教师：非常好！同学们都还记得绘制等高线的步骤。但是我们也碰到一些问题，比如说每个地点的高度我们不知道。这里同学们注意，我们只需要绘制简单的等高线地形图，我们可以通过什么途径知道笔架山地势高低的大致情况呢？	学生：等高线密集为陡坡，稀疏为缓坡。 绘制简易等高线地形图。	
	教师：没错，我们可以借助卫星云图。根据山体的高度和你想画的等高线的条数确定等高距，再根据卫星云图画出等高线的轮廓。坡度的陡缓怎么判断呢？	学生思考、回答。	
	我们再来看第四个任务：根据小组考察成果，为深圳市笔架山公园设计一条一日游线路。简单绘制游览线路图，并附350字左右的简介说明。	小组合作设计并绘制一日游路线	学生会根据景点资源设置合理的游览路线
	教师：设计一日游路线有什么问题要注意呢？		
	教师：同学们的思维都很活跃，想到了很多方面。总的来说，我们的路线要合理，景点之间的衔接要恰当，有一定的趣味性和观赏性。当然有同学提到要给自己的旅游路线起一个"高大上"的名字，也是不错的建议。绘制游览路线图的过程中同学们要记得标注好地图四要素		

教学内容	教师组织和引导	学生活动	教学意图
总结收获	教师：本次笔架山野外考察，我们主要考察了笔架山的土壤剖面状况和地形分布情况，同时同学们自己动手绘制出了简单的等高线图和路线图。希望大家回家之后将今天所学的知识好好回顾一下，以后当你去其他地方旅游或者考察时，也能将今天的知识应用起来	学生边听边记录	提示学生将地理知识应用在今后的学习生活中

第四节　光明农场考察

考察任务单

表2-7　光明农场考察任务单

龙岗区外国语学校野外考察任务单	
团队：＿＿＿＿　　考察时间：＿＿＿＿　　考察地点：光明农场	
1. 简 介	光明农场位于深圳西北部，距市区30分钟车程，占地55平方千米，拥有31平方千米的山林和上万亩果园，森林覆盖率达70%，7个水库和众多的鱼塘如明珠般洒落其中，到处青山绿水，恍若世外桃源。在光明农场，我们可以品尝乳鸽的美味、牛奶的醇香、水果的鲜甜，观赏奶牛的风姿及"落地皇鸽"的神采。总而言之，光明农场是一个具有参与性、观赏性、休闲性、度假性的"绿色王国，旅游胜地"
2. 户 外 任 务	该部分考察活动结束后统一在农场大观园将答题卷交给带队教师。 1.拍摄五种代表性的农作物照片，并在答题卷的相应位置标明物种名称和分类（25分） 2.拍摄五种代表性的动物照片，要求每张照片至少有一名队员的身影，并在答题卷的相应位置标明物种名称和分类（25分） 3.通过调查和访谈，了解光明农场内游客的感知度和发展的制约因素（20分） 4.根据小组考察成果，为光明农场设计一条一日游线路。简单绘制游览路线图，并附350字左右的简介说明（30分）
3. 室 内 任 务	制作PPT课件，汇报展示考察任务。（展示限时10分钟） 1.展示考察小组采集的光明农场代表性农作物、动物照片以及与户外试题相关的合影照片等 2.展示调查和访谈结果，分析说明游客的感知度和农场发展的制约因素 3.解说小组设计的光明农场一日游线路和旅游景点，要求旅游线路上的旅游景点至少要有2名队员的工作照 4.4名组员全员参加展示和答辩环节（答辩题目由评委随机给出）

📖 **考察任务答题卷**

参照附表（本书第86页）。

📖 **温馨提示**

景区免费，但园区内采摘收费。要防蚊虫叮咬。

图2-5　考察过程

📖 **教学设计**

（一）教学目标

1.知识与技能

（1）了解光明农场主要的农作物。

（2）了解光明农场主要的动物。

（3）了解光明农场的游客感知度。

2.过程与方法

（1）观察和查阅资料，了解光明农场主要的农作物。

（2）查阅资料，了解光明农场主要的动物。

（3）设计问卷和调查，了解光明农场的游客感知度，并提出更好的发展对策和建议。

（4）为光明农场设计一条一日游线路。

3. 情感态度与价值观

小组分工协作，共同完成野外考察任务，培养分工及团队合作意识。

（二）教学重点和难点

1. 教学重点

（1）设计问卷和调查，了解光明农场的游客感知度，并提出更好的发展对策和建议。

（2）为光明农场设计一条一日游线路。

2. 教学难点

设计问卷和调查，了解光明农场的游客感知度，并提出更好的发展对策和建议。

（三）教法策略

任务驱动法、问卷调查法。

本节内容主要由教师带领学生去考察光明农场，以考察任务单为驱动，学生通过小组合作探究，在教师的指导下完成考察任务。同时为了了解当地的旅游发展现状，采用问卷调查和访谈法获得一手资料。

（四）教学实施的程序

表2-8　光明农场考察教学过程表

教学内容	教师组织和引导	学生活动	教学意图
导入新课，激发学生探究考察的兴趣	1.教师给学生简单介绍光明农场的地理位置和基本情况，同时展示相关图片，激发学生野外考察的兴趣 2.回顾野外考察注意事项，提醒学生外出注意安全	1.学生通过网络获得光明农场的基本情况介绍 2.学生通过百度地图等电子地图，获取平面图，为野外考察做好准备	介绍光明农场的基本情况，做好安全教育

教学内容	教师组织和引导	学生活动	教学意图
野外考察	教师：首先，请大家看第一个任务，拍摄五种代表性的农作物照片，贴在答题卷的相应位置，并标明物种名称和分类。	学生打开考察任务单，阅读第一项考察任务。	通过教师引导，学生小组合作探究完成5种农作物和5种动物的辨别和拍摄。
	教师：这个任务很简单，相信同学们都能独立完成。为了更快地完成任务，同学们有什么好点子吗？	学生：可以借助形色软件辨别农作物的名字和种类。	
	教师：同学们很聪明，有些农作物旁边也有挂牌，大家要仔细观察哦。	拍摄5种代表性的农作物。	
	接下来我们看第二个任务：拍摄5种代表性的动物照片，要求每张照片至少有一名队员的身影，贴在答题卷的相应位置，并标明物种名称和分类。	学生：借助园区导览图。	
	教师：同学们应该知道光明农场园区是有分区的，我们要去找动物所在的区域，怎么才能更快找到呢？	拍摄五种代表性动物。	
	教师：同学们反应很快，看导览图的时候要看清楚指向标，不要跑错方向。		
	接下来我们来看第三个任务：发放调查问卷并采访，了解光明农场的游客感知度和发展的制约因素。		学生设置调查调查和采访内容
		学生边听边记。	
	教师：游客感知度这个概念同学们之前可能没有听过，其实就是游客对这个旅游地点的感觉，喜好情况。为了获得游客感知度，我们可以采用问卷调查的形式。注意，获	设置调查问卷并完成调查。小组讨论提出光明农场更好发展的对策和建议	

教学内容	教师组织和引导	学生活动	教学意图
野外考察	得游客感知度是为了帮助我们了解从游客的角度来分析，光明农场是否足够吸引人，进而思考光明农场如何发展得更好。同学们的问题要有一定的针对性，可以从交通状况、宣传力度、景点设置等方面来设置问题。 教师：我们来看最后一个任务，根据小组考察成果，为光明农场设计一条一日游线路。简单绘制游览线路图，并附350字左右的简介说明。 教师：一日游路线的选取要兼具合理性和趣味性，同时具备一定的舒适度，简介说明要能吸引游客的兴趣。同时要注意地图的三要素要体现出来。比例尺根据公式：比例尺=图上距离/实地距离计算。图例的设置要合理，易于辨别，根据指南针或者手机来确定方向。实地距离的测算同学们有什么好方法？ 教师：在野外，有时候我们忘记带卷尺，也可以借助其他方法来测距离，比如根据步距、地砖等等，希望同学们能灵活运用	学生：用卷尺。 设计一日游路线	学生根据景点资源设置合理的游览路线
总结收获	教师：本次光明农场野外考察，我们主要考察了光明农场的动植物分布情况。通过问卷调查了解到光明农场的旅游发展现状，并提出了更好的发展对策，同时还设计了一条一日游路线。同学们还可以关注国内外其他一些生态观光农业的发展状况和光明农场做比较，思考总结此类旅游产业的发展异同点	学生边听边记录	提示学生类比分析

第五节　仙湖植物园考察

📖 **考察任务单**

表2-9　仙湖植物园考察任务单

深圳市龙岗区外国语学校野外考察任务单	
团队：_____　考察时间：_____　考察地点：罗湖区仙湖植物园	
1.简介	仙湖植物园位于深圳市罗湖区东郊的莲塘仙湖路，东倚梧桐山，西临深圳水库，占地面积546公顷，始建于1983年，1988年正式对外开放。仙湖植物园集植物收集、研究、科学知识普及和旅游观光、休闲为一体，是中国观赏植物科学研究的重要基地之一。仙湖植物园2007年被国家旅游局评为国家"AAAA"级风景区，2008年被国家住房和城乡建设部评为"国家重点公园"
2.户外任务	该部分考察活动结束后统一在"风雨亭"将答题卷交给带队教师。 1.规划最便捷、最省钱的"龙岗区外国语学校—罗湖区仙湖植物园"的交通方案（10分） 2.拍摄公园入口处白色仙女雕塑4人合影照（5分） 3.在裸子植物区采集三种代表性裸子植物的叶片，用胶带固定在答题卷的相应位置，并标明物种名称和生长环境（10分） 4.在药用植物区采集5种代表性药用植物的叶片，用胶带固定在答题卷的相应位置并标明物种名称和药用功效（10分） 5.在化石森林中找到最高的一棵树化石，并与其拍4人合影照（10分） 6.考察仙湖植物园的沙漠植物区，并绘制其平面图，要求展示出各类沙漠植物的分布情况，并标注完整的地图三要素（20分） 7.在盆景园进行午餐，小组每人30元午餐体验：尽可能让自己的午餐搭配营养丰富并做好记录（10分） 8.记录是否有游客在植物园里出现不良行为（注意保护游客隐私）（5分） 9.根据小组考察成果，为仙湖植物园设计一条一日游线路，标明旅游景点。简单绘制游览线路图，并附350字左右的简介说明（20分）

续 表

	深圳市龙岗区外国语学校野外考察任务单
	团队：_____　考察时间：_____　考察地点：**罗湖区仙湖植物园**
3.室内任务	制作PPT课件，汇报展示考察任务。（展示限时10分钟） 1.展示考察小组绘制的沙漠植物区平面图、采集的裸子植物和药用植物叶片标本照片、30元午餐体验、游客不良行为以及与户外试题相关的合影照片等 2.解说小组设计的仙湖植物园一日游线路和旅游景点，要求旅游线路上的旅游景点至少要有2名队员的工作照 3.4名组员全员参加展示和答辩环节（答辩题目由评委随机给出）

📖 **考察任务答题卷**

参照附表（本书第86页）。

📖 **温馨提示**

景区收费，学生持学生卡优惠。景区餐饮价贵，建议自己多带食物、饮用水。

图2-6　学生在仙湖植物园合影

📖 **教学设计**

（一）教学目标

1.知识与技能

（1）认识几种代表性植物，并了解其门类。

（2）绘制沙漠植物区平面图。

（3）实地考察仙湖植物园，绘制简单的一日游路线图，并附说明。

2. 过程与方法

（1）观察和收集资料，认识代表性植物及其门类。

（2）观察和实地测量，绘制平面图。

（3）实地考察、观察和问询，绘制简单的观光路线图。

3. 情感态度与价值观

（1）通过野外实地考察，让学生懂得保护植物、爱护环境的重要性。

（2）小组分工协作，共同完成野外考察任务，培养分工及团队合作意识。

（二）教学重点和难点

1. 教学重点

（1）认识几种代表性植物，并了解其门类。

（2）绘制沙漠植物区平面图。

（3）绘制简单的旅游路线图，并附说明。

2. 教学难点

（1）绘制沙漠植物区平面图。

（2）绘制简单的旅游路线图，并附说明。

（三）教法策略

考察法、合作探究法。

本节内容主要由教师带领学生去考察仙湖植物园，学生通过小组合作探究，分工协作，完成考察任务。

（四）教学实施的程序

表2-10　仙湖植物园考察教学过程表

教学内容	教师组织和引导	学生活动	教学意图
导入新课，激发学生探究考察的兴趣	1.教师给学生简单介绍仙湖植物园的基本情况，同时展示相关图片，激发学生野外考察的兴趣。 2.回顾野外考察注意事项，提醒学生外出注意安全	1.学生通过网络获得仙湖植物园的一些基本情况介绍。 2.学生通过百度地图等电子地图，获取平面图，为野外考察做好准备	讲解仙湖植物园的基本情况，并提醒学生野外注意事项，为后期野外考察做好准备
野外考察	教师：首先，请大家看第一个任务，规划从学校到仙湖植物园最便捷、最省钱的交通方案。再来看第二个任务，到达公园入口的白色仙女雕像处，小组要合影，并把照片上传到QQ群。 教师：大家明确任务了吗？查好路线就出发吧，等会儿入口处见。 大家都完成第二个任务了吧？接下来我们来看第三个任务，在裸子植物区采集三种代表性裸子植物的叶片，用胶带固定在答题卷的相应位置，并标明物种名称和生长环境。 教师：如何找到裸子植物园呢？到了之后，如果植物没有相应的指示牌怎么办呢？ 教师：可以考虑上网以及使用形色软件进行识别	学生打开百度地图等电子地图，查询从学校到仙湖植物园的路线。 学生：明白了，待会儿见。 学生到达指定地点，拍摄小组合照并上传 学生：根据公园的平面图，可以找到裸子植物园	通过教师引导，学生小组合作探究开展野外考察，运用现代科技软件和实地考察，获取所需资料，完成考察任务，掌握绘制平面图和设计旅游路线的技能

续表

教学内容	教师组织和引导	学生活动	教学意图
野外考察	我们再来看第四个任务，在药用植物区采集5种代表性药用植物的叶片，用胶带固定在答题卷的相应位置，并标明物种名称和药用功效。	学生：到了植物园，如果植物没有挂牌，不知道它叫什么名字怎么办呢？	
	教师：现在我们来看第五个任务，在化石森林中找到最高的一棵树化石，并与其拍4人合影照，上传到QQ群。	学生有了完成第三个任务的经验，能够比较顺利地完成第四个任务。	
	教师：怎样快速找到最高的树化石呢？	学生：站在高处看，或者进去逛一圈，或者找找相关介绍。	
	教师：大家想法都不错，那就去实践吧。		
	我们继续来看第六个任务，考察仙湖植物园的沙漠植物区，并绘制其平面图，要求展示出各类沙漠植物的分布情况，并标注完整的地图三要素。	学生：如何确定平面图的方向、比例尺、图例和注记？	
	教师：方向用手机指南针软件确定。比例尺需要量取选择的两个参考地点的实地距离以及准备绘制在平面图上的图上距离，然后依据公式：比例尺=图上距离/实地距离（切记距离单位统一），算出所绘平面图的比例尺。图例和注记可以依据基本地理要素和所游览的景点合理设计	学生：没有卷尺如何测量出两个参考地点的实地距离呢？

小组合作探究绘制沙漠植物区的平面图 | |

续 表

教学内容	教师组织和引导	学生活动	教学意图
野外考察	教师：可以采用步测法，或者根据砖块的大小及数量来确定距离。 接下来，我们来看第七个任务，在盆景园进行午餐，小组每人30元午餐体验：尽可能让自己的午餐搭配营养丰富并做好记录。 教师：如何体现食物是否营养丰富呢？ 教师：学以致用，真棒！ 教师：我们现在来看第八个任务，列举是否有游客在植物园里出现不良行为，并拍照记录。 教师：同学们，你们知道保护植物、爱护环境的重要性吗？ 教师：仙湖植物园为我们学习植物知识和休闲娱乐提供了良好的环境，因此我们要保护植物、爱护环境。 最后一个任务是根据小组考察成果，为仙湖植物园设计一条一日游线路，标明旅游景点。简单绘制游览线路图，并附350字左右的简介说明	学生：可以根据生物书上学过的"平衡膳食宝塔"来搭配食物。 在实地考察的过程中，拍照记录游客的不良行为案例。 为仙湖植物园设计一条一日游线路，标明旅游景点。简单绘制游览线路图，并附350字左右的简介说明	

第六节　大甲岛考察

📖 考察任务单

表2-11　大甲岛考察任务单

龙岗区外国语学校野外考察任务单	
团队：　　　　考察时间：　　　　考察地点：大甲岛	
1. 大甲岛简介	大甲岛位于大亚湾中心海域，面积2.7平方千米，是大亚湾海上百岛之一，离澳头港10海里，原称大六甲，取六岛相合之意。此处过往渔民多说潮汕方言，因潮汕方言中的"六"念"辣"，于是也称为辣甲岛。大甲岛是大亚湾第二大岛，远离陆地，是一个风景优美的生态岛。这里水质清澈，水深能见度5～6米，海水清澈得令人心醉。岛上有三个沙滩，沙滩上有色彩斑斓的贝壳、笔螺、角螺、猪牧螺、小海螺、扇贝、贻贝、珍珠贝……岛的四周是汹涌浩瀚的大海，岛的附近有一片珊瑚礁，可以潜入海底与鱼同乐，欣赏奇妙的水底世界
2. 户外任务	该部分考察活动结束后统一在登船前将答题卷交给带队教师。 1.请在大甲岛全景图上标注其东南西北四个方位（10分） 2.调查岛上的居民主要来自哪里，他们从事什么样的经济活动（20分） 3.调查大甲岛面临的生态环境问题并给出解决方案（20分） 4.说明大甲岛常见的自然灾害，以及给大甲岛带来的影响（20分） 5.根据小组考察成果，为大甲岛设计一条旅游线路，并简单绘制游览线路图，附350字左右的简介说明（30分）
3. 室内任务	制作PPT课件，汇报展示考察任务。（展示限时10分钟） 1.展示考察小组标注的方位图、岛上居民的来源地以及与户外试题相关的合影照片等，展示用到的照片中必须有一名以上的本组队员 2.解说小组设计的大甲岛一日游线路和旅游景点，要求旅游线路上的旅游景点至少要有2名队员的工作照 3.4名组员全员参加展示和答辩环节（答辩题目由评委随机给出）

📖 考察任务答题卷

参照附表（本书第86页）。

📖 温馨提示

提前预约往返大甲岛的快艇，渡海时穿好救生衣，以防溺水。海边礁石、贝壳锋利，不要光脚行走。岛上物资匮乏，自备充足的饮用水和食物。

图2-7　小组成员绘制方案

图2-8　小组成员探讨中

教学设计

（一）教学目标

1.知识与技能

（1）通过仪器测量，判定岛屿的4个方位。

（2）了解大甲岛暂住居民的来源地及其从事的经济活动。

（3）调查大甲岛面临的生态环境问题。

（4）了解台风等自然灾害对大甲岛的影响。

2.过程与方法

（1）利用手机GPS定位找出大甲岛的具体坐标和方位。

（2）通过调查与采访，了解大甲岛暂住居民的来源地及其从事的经济活动。

（3）调查大甲岛面临的生态环境问题。

（4）收集资料，了解台风等自然灾害对大甲岛的影响。

3.情感态度与价值观

（1）与小组成员合作探究，培养与他人合作分工的意识。

（2）探访岛上暂居人员，提高学生交际表达和归纳的能力。

（3）通过一系列考察，懂得人地和谐的重要性。

（二）教学重点和难点

1.教学重点

调查大甲岛面临的生态环境问题。

2.教学难点

通过仪器测量，判定岛屿的4个方位。了解台风等自然灾害对该岛的影响。

（三）教法策略

小组合作探究法、考察法。

本节内容主要是学生跟随指导教师登岛考察，学生之间采取小组合作探究法完成相应任务。

（四）教学实施的程序

表 2-12 大甲岛考察教学过程表

教学内容	教师组织和引导	学生活动	教学意图
导入新课，激发学生探究考察的兴趣	教师在出发登岛前跟考察队员讲解大甲岛的相关简介，并反复强调快艇渡海时应穿好救生衣并牢牢抓紧座椅扶手，防止颠簸坠海。 海岛考察非常新奇，特别是未被开发的岛屿更多了几分神秘感	学生临行前聆听指导教师叮嘱，认真穿好救生衣，带好行囊，分组登岛	激发学生好奇心。同时把海岛考察的安全意识印入学生脑海中
大甲岛沙滩集合	教师分发考察任务单和答题卷，约定好午餐时间和集合地点。指导教师12点在惠州海民搭建的凉棚等待队员归来午餐。 指导教师纠正考察队员的错误行为，如光脚走路	各考察小组研读考察任务单，然后分头行动。 有学生脱鞋在海边行走，海边礁石、贝壳锋利，有划伤脚的风险	培养学生分析问题、解决问题的能力
合作探究	请在大甲岛全景图上标注其东南西北4个方位。 教师可从旁观看考察队员对测量仪器的使用情况，适时给予指导。 调查岛上的居民主要来自哪里，他们从事什么样的经济活动	学生用手机指南针功能和 GPS 导航软件测出相关数据，最终在丝瓜形岛屿上标注岛屿的4个方位。 绝大部分学生都能快速掌握测量方位的技巧。 各考察小组找到了海民搭建的暂住凉棚，向他们进行采访	检验学生对测量工具的使用熟练度

续表

教学内容	教师组织和引导	学生活动	教学意图
	教师在旁观看。	B组找到了一个比自己稍大些的海民男孩。B组2名男生交际能力很强，不断跟海民男孩交谈，并分享零食。 一名女生负责纪律，男生负责采访。 通过访谈，得知该男孩随父母来到大甲岛暂居，父母刚刚出海捕虾了。 （队员和男孩合影）	
合作探究	调查大甲岛面临的生态环境问题并给出解决方案。	告别男孩，学生展开实地考察，找寻大甲岛面临的生态问题。	提高学生的环保意识，树立正确的人地观念。
	教师可以利用这个时机鼓励学生开展捡拾岛屿污染物的行动，把环保落实到行动上。	有学生发现了树丛里的塑料袋、饮料瓶，还有学生发现了海里漂浮的破鱼网、各类绳子、废旧瓶等。	
	教师及时给予学生鼓励。	海民搭建凉棚就地取材，对岛屿的植被也产生了一定的破坏。	提高学生的观察能力和推理能力
	教师鼓励学生前去跟渔民沟通，建议渔民以后不要再去捕捞过小的鱼虾和采挖珊瑚	沙滩上有篝火灰烬，说明有人在岛上用火，天气燥热，存在很大的火灾隐患。 海民有过渡捕捞和采挖珊瑚的行为	

续 表

教学内容	教师组织和引导	学生活动	教学意图
午餐时间		午餐后的塑料瓶、塑料袋收集好放进背包，离岛时一起带走。	把环保做到实处，真切落实人地协调观念。
合作探究	说明大甲岛常见的自然灾害，以及给大甲岛带来的影响。	学生感觉无从下手，对岛屿的常见自然灾害没有关注过。	培养学生直面难题，攻克难关的能力。
	教师适时给予指导。	有学生经过点拨立马想到了台风。	
	例如，让孩子们看看岛屿上的树木是否直立，山上的植被有无折断的痕迹，山边滚落的石块，等等。	还有学生也想到了山体迸裂产生的滚石。	经过指导后，发现学生的观察能力非常强
		有学生想到了该岛的气候类型属于亚热带季风气候，季风气候的旱涝灾害该岛也存在。	
	教师给予鼓励。	学生拍摄各类自然灾害给岛屿带来的影响的照片。照片中有考察队员。	
	时间差不多，QQ群发送集合指令	学生在凉棚完成答题卷	
离岛归校	穿好救生衣，在指定时间、地点登上快艇，再次强调安全	学生按指导教师要求行动	培养巩固学生的安全意识和独立能力

第七节　深圳国际低碳城考察

📖 考察任务单

表2–13　深圳国际低碳城考察任务单

深圳市龙岗区外国语学校野外考察任务单
团队：＿＿＿＿＿＿　考察时间：＿＿＿＿＿＿
考察地点：龙岗区坪地街道坪西社区新桥世居客家围屋

1. 深圳国际低碳城简介	2017年，龙岗区政府提出对新桥世居客家围屋进行活化利用，打造"国际低碳体验中心"。项目以低碳文化为主题，以客家围屋为载体，进行文化、形态、业态的综合提升，将打造集文化展示、科普教育、创意产业、休闲美食等功能于一体的历史文化特色村落。 国际低碳体验中心位于龙岗区坪地街道坪西社区，所在的新桥世居客家围屋始建于清代，是一座拥有200余年历史的客家围屋，同时也是深圳十大客家古村落之一。以新桥世居为代表的客家围屋，从建筑选址、空间布局、建筑功能的设计，到建筑材料的选择、装饰艺术的运用，无不体现了传统中国"道法自然""天人合一"的生活理念与营建哲学，与现代社会"低碳"理念不谋而合，堪称一座古老而又"先进"的"低碳博物馆"
2. 活动流程	（一）参观"低碳"24小时主题展（40分钟） 1.碳的存在——从"大爆炸"说起，"低碳生活"主题展（30分钟） 2.碳的循环——从"光合作用"说起 3.低碳行动——从《京都议定书》开始 4.低碳大视野——从低碳城市到低碳社区 5.低碳之家——从我做起 　垃圾分类互动游戏。（5人一队，2组对决）

（二）参观客家围屋与传统
1.客家堂屋——天然质朴的"低碳"建筑
2.客家卧室——素衣简饰的"低碳"生活
3.客家储物间——巧借自然力的"低碳"生产

续表

深圳市龙岗区外国语学校野外考察任务单

团队：_____ 考察时间：_____

考察地点：**龙岗区坪地街道坪西社区新桥世居客家围屋**

2. 活 动 流 程	6.低碳街区——华侨城片区 7.低碳交通——从T3机场到大鹏所城 8.低碳未来——谁是未来低碳之星	4.客家厨房——蔬食饮水的 "低碳"餐饮
3. 户 外 任 务	该部分考察活动结束后统一将答题卷交给带队教师。 1.说出低碳中"碳"的含义，并在答卷上画出碳循环的简图（10分） 2.建筑选址、空间布局、建筑功能、建筑材料、装饰艺术等无一不体现当地民居的特点。根据地形、气候和文化等因素，试着说说客家围屋具有哪些适应环境的特点（20分） 3.从低碳城市到低碳社区，绿色低碳让我们生活更美好。说一说国际低碳体验中心的绿化设计，谈一谈那些适合社区生态建设参考的绿化方式（20分） 4.传统聚落是古代人类活动和自然环境相互作用的结果，是文化遗产的重要组成部分。对传统聚落的保护有不同的观点，你赞成下列哪一种观点？说出你的理由 A.拆旧建新　　B.整旧如新　　C.修旧如旧　　D.建新如旧 理由：_____ _____。 从"新旧结合"的角度，分析区政府建"国际低碳城"在此的原因（20分） 5.低碳环保，人人有责。作为一名青少年，请详细说说你在生活中践行这个生态理念的方式方法（15分） 6.我为深圳国际低碳画宣传画。请选择一个你们小组喜欢的角度，用彩笔为新桥世居客家围屋画一张宣传画（15分）	
4. 室 内 任 务	制作PPT课件，汇报展示考察任务。（展示限时10分钟） 1.展示考察小组拍摄的图片，根据地形、气候和文化等因素，试着说说客家围屋具有哪些适应环境的特点 2.展示考察小组研究国际低碳体验中心的绿化思路，以及适合社区生态建设参考的经验 3.从"新旧结合"的角度分析区政府建"国际低碳城"在此的原因 4.小组展示用彩笔为新桥世居客家围屋画的宣传画 5.4名组员全员参加展示和答辩环节（答辩题目由评委随机给出）	

考察任务答题卷

参照附表（本书第86页）。

温馨提示

（1）按研学前的"分组责任制"进行研学任务。

（2）自觉遵守参观秩序，服从老师的现场引导和指挥。

（3）保持馆内清洁卫生，禁止随地吐痰、乱扔果皮纸屑。

图2-9　新桥世居客家围屋

教学设计

（一）教学目标

1. 知识与技能

（1）了解低碳的含义。

（2）了解龙岗区国际低碳环保城建设的基本过程。

（3）举例说明客家围屋适应环境的特点。

2. 过程与方法

（1）观看低碳环保城的宣传海报和视频，了解低碳和含义和低碳环保城建设的过程。

（2）实地考察客家围屋的堂屋、卧室、储物间和厨房，分析客家围屋适应环境的特点。

（3）利用课堂内所学知识，对生物、地理、艺术和生活等方面进行融合性学习和探究。

3.情感态度与价值观

（1）通过小组合作的实地考察及为新桥世居画宣传画，增进与客家文化的感情。

（2）通过一系列考察，了解保护传统聚落的意义。

（二）教学重点和难点

1.教学重点

（1）了解低碳的含义。

（2）举例说明客家围屋适应环境的特点。

2.教学难点

从地形、气候、文化等方面，说出客家围屋的特色与当地自然环境的关系及人文特点。

（三）教学策略

博物馆参观学习法、小组合作探究法。

本节内容通过博物馆参观法了解基本知识，用小组合作探究法进行探究，教师从旁指导和答疑。

（四）教学实施的程序

表2-14 深圳国际低碳城考察教学过程表

教学内容	教师组织和引导	学生活动	教学意图
导入新课，激发学生野外考察的兴趣（15分钟）	教师向学生简单介绍国际低碳城的基本情况，展示客家围屋的外观并提问：为什	学生通过网络获得一些低碳环保城的基本情况及客家围屋的基本信息，获取低碳城平面图，为野外考察做好准备	讲解低碳城的基本情况，并提醒学生野外考察的注意事

教学内容	教师组织和引导	学生活动	教学意图
导入新课，激发学生野外考察的兴趣（15分钟）	么客家围屋要这样设计？激发学生野外考察的兴趣。 同时回顾野外考察注意事项，提醒学生外出注意安全	小组合作制。 组长：管理本组组员的纪律。提醒组员按时完成参观活动、讨论和填写任务单等任务。 组员1：担任清查员和计时员，负责随时清点本组人员，提醒不掉队、不自由活动，提醒组员活动进度。 组员2：拍照和写生。 组员3、4：担任记录员，做好活动见闻的记录	项，为后期野外考察做好准备。 小组的合作和分工是野外考察成功的关键
参观"低碳"24小时主题展（40分钟）	任务一：请大家通过小组合作的方式了解什么是低碳，并用示意图画出碳循环过程。 教师：同学们，低碳的"碳"是什么意思？ 从"新旧结合"的角度分析区政府建"国际低碳城"在此的原因	学生根据宣传海报，回答问题。 学生：二氧化碳。 学生观看视频和宣传海报，小组合作画出自然界碳循环的基本过程。 大气中的CO_2 ① ② CO ③ ④ 被吸收 海洋 水中生物 古代形成 古代形成 化石燃料 观看"国际低碳城"宣传视频后，学生结合材料中给出的参考平面图、位置图和卫星图，标注出"国际低碳城"主要的地形、河流、产业分布等情况，分析政府将"国际低碳城"设定在此的原因	通过教师引导，学生观看宣传海报和视频，小组合作探究展开对碳的理解和对自然界中碳循环的过程。 在案例分析中提高学生的综合素养能力

续表

教学内容	教师组织和引导	学生活动	教学意图
考察客家围屋，完成野外考察任务（60分钟）	教师：我们现在来看第二个任务，通过实地考察客家围屋的外形、堂室、卧室、储物间和厨房，分析客家人低碳的生活方式。	学生实地考察客家围屋的外形、堂屋、卧室、储物间和厨房，小组讨论分析客家人低碳的生活方式。 学生边听边记录。	实地考察，用小组合作探究的方式，完成探究任务。
	教师：我们继续来看第三个任务，研究客家围屋。结合你看到的围屋，从建筑选址、空间布局、建筑功能、建筑材料、装饰艺术等方面，根据地形、气候和文化等因素，试着说说客家围屋具有哪些适应环境的特点。	学生：我在老家也见到过这种农具，是不是也是一样的用法？ 学生：南方降水多，种植水稻，在工业不发达的农业时代，抽水机、打稻机、装粮食的箩筐、分离稻谷的吹风机……都是农村生产用具，都是低碳的生产生活方式。	联系生活实际，体会农业时代的生活方式，感悟农业时代人们的智慧。 传承与发展，培养学生正确的人地协调观，培养学生保护传统聚落的意识
	提醒学生在走访不同客家围屋时收集素材：传统聚落如何去保护？ 请选择一个小组喜欢的角度，用彩笔为新桥世居客家围屋画一张宣传画	走访不同类型的客家围屋，小组合作讨论客家围屋适应环境的特点。 学生小组讨论：如何在生活中践行"低碳环保，人人有责"的生态理念，并做记录	

教学内容	教师组织和引导	学生活动	教学意图
总结收获（30分钟）	教师核验考察任务单的完成情况，并提醒各组完成客家围屋宣传画及广告词，要求图文并茂	小组成员找到合适的地方，小组完善答卷，同时稍作调整和休息。 队员上交考察任务答题卷。若需要继续创作，可以在下周一带回	返程注意安全。 学生QQ群或微信群报备安全

第八节 盐田海边栈道地质地貌考察

📖 **考察任务单**

表2-15 盐田海边栈道地质地貌考察任务单

	深圳市龙岗区外国语学校野外考察任务单 **团队：_____ 考察时间：_____** **考察地点：盐田海滨 考察内容：海岸地质地貌**
1. 盐田海滨栈道简介	盐田海滨栈道位于盐田区沿海地带，全长19.5千米，沿着海岸线串联起沙头角、盐田港、大梅沙、小梅沙公园。从盐田海鲜街到小梅沙全程大约12千米，依山傍海，空气清新，环境优雅，交通便利，吸引很多旅客前来徒步游玩。海滨栈道两旁绿树成荫，盐田港口段能看见停泊的大小货轮。沿着栈道漫步，能够看到沿途两侧的许多亚热带品种植物，如大叶榕、羊蹄甲、马缨丹等，为沿途景色增添了不少色彩。 沿栈道步行能看见形态各异的岩石；而大梅沙和小梅沙海滨公园是海岸沙滩，许多旅客在沙滩上休闲消遣、享受阳光
2. 户外任务	户外考察活动结束后统一将答题卷交给带队教师。 1.拍摄海滨海蚀洞、海蚀崖、海蚀沟等海岸地貌，观察并分析其形成原因及过程（20分） 2.拍摄和观察海滨岩石错动的痕迹，分析岩石中部黑色岩块嵌入岩层的现象形成的原因（20分） 3.对比大梅沙海岸堆积地貌与前面的海岸侵蚀地貌的形态，分析海岸堆积地貌的形成原因和过程（25分） 4.观察大梅沙沙滩，绘制出沿海地带的剖面图（25分） 5.学习使用地质罗盘测定海滨岩层的走向、倾向等（10分）

续 表

	深圳市龙岗区外国语学校野外考察任务单
	团队：_____ 考察时间：_____ 考察地点：盐田海滨 考察内容：海岸地质地貌
3. 室 内 任 务	制作PPT课件，汇报展示考察任务。（展示限时10分钟） 1.展示拍摄的海滨海蚀洞、海蚀崖、海蚀沟等海岸地貌，分析讲解其形成原因及过程 2.展示海滨岩石错动痕迹的照片，分析讲解岩石中部黑色岩块嵌入岩层的现象形成的原因 3.对比大梅沙海岸堆积地貌与前面的海岸侵蚀地貌的形态，分析讲解海岸堆积地貌的形成原因和过程 4.展示绘制的大梅沙沙滩沿海地带的剖面图 5.4名组员全员参加展示和答辩环节（答辩题目由评委随机给出）

📖 考察任务答题卷

参照附表（本书第86页）。

📖 温馨提示

提前到达集合地点。提前准备好户外活动需要的防晒衣、太阳镜、遮阳帽、饮用水等。

📖 教学设计

（一）教学目标

1. 知识与技能

（1）绘制盐田海区的剖面简图。

（2）观察盐田海区的海水运动，了解盐田海滨栈道沿途的海岸地貌。

（3）知道"乌龙入海"的形成原因与形成过程。

2. 过程与方法

（1）实地考察，结合电子地图绘制盐田海区剖面简图，图中标注方向。

（2）实地观察盐田海区的海水运动，了解盐田海滨栈道沿途的海蚀地貌和海积地貌。

（3）实地观察盐田海滨栈道沿途的海蚀地貌，通过岩层的错动、断裂痕迹，分析"乌龙入海"的形成原因。

3. 情感态度与价值观

（1）小组成员合作探究，分工协作共同完成野外考察任务，培养合作意识。

（2）培养勤观察、善思考、常钻研的科学探究精神。

（3）通过海岸地貌考察，树立保护海洋资源的意识，学会自觉保护海滨自然环境。

（二）教学重点和难点

1. 教学重点

实地考察，了解盐田海滨栈道沿途的海蚀地貌和海积地貌。

2. 教学难点

实地考察与查阅资料，了解盐田海岸"乌龙入海"现象的形成原因。

（三）教法策略

任务驱动法、实地考察法、小组合作探究法。

本节内容主要是教师带领学生到盐田海滨栈道进行实地野外考察，学生按照小组分工，合作完成考察任务单的探究任务。

（四）教学实施的程序

表2-16　盐田海边栈道地质地貌考察教学过程表

教学内容	教师组织和引导	学生活动	教学意图
导入新课，激发学生探究考察的兴趣	1.教师向学生简单介绍盐田海滨栈道考察的位置与本次考察的路线，同时展示沿途风光的相关图片，激发学生野外考察的兴趣 2.回顾野外考察注意事项，提醒学生带好外出必备的物品，注意安全事项 3.分好小组，明确小组成员分工	学生通过网络搜索查阅关于盐田栈道沿线的一些基本情况，以及通过百度地图、高德地图等电子地图，了解盐田海滨栈道的考察路线，为野外考察做好准备	讲解本次考察的基本情况、提醒学生野外注意事项，为实地考察做好准备
学生小组合作探究完成野外考察任务	教师：首先，请大家看第一个考察任务，找到并观察海滨海蚀洞、海蚀崖、海蚀沟等海岸地貌并分析其形成原因及过程。 教师：海水对海岸岩石的冲刷和侵蚀塑造了海岸的侵蚀地貌，典型的海岸地貌有海蚀洞、海蚀沟、海蚀崖。它们是由于海水日积月累的侵蚀，在岩石上形成沟壑、孔洞或者陡壁悬崖等形状。 我们现在来看第二个任务，观察海滨岩石错动的痕迹，分析岩石中部黑色岩块嵌入岩层的现象形成的原因。 教师：我们可以发现在这些岩石中间存在黑色岩层的侵入，这侵入的岩层其实是燕山运动时期侵入的基性岩浆。由于侵入的岩浆	学生仔细观察海滨地带附近的海水运动情况与海蚀地貌，各小组整理海蚀洞、海蚀崖、海蚀沟的外形特点，推断它们的形成过程，完成考察任务清单。有的学生把观察到的海岸地貌拍成照片，分享在活动群里，还有的学生认真听讲解，时不时记笔记	通过教师引导，学生小组合作探究开展野外考察，运用现代科技软件和实地观察，获取所需资料，完成考察任务，掌握海岸地貌的基本特点及成因

教学内容	教师组织和引导	学生活动	教学意图
学生小组合作探究完成野外考察任务	颜色呈灰黑色，在海滨处看着宛如一条要冲入海中的乌龙，这种基性岩浆侵入岩层的现象有一个形象的别称——乌龙入海。 教师：同学们提出的问题都非常有研究的价值，在提问和寻求答案的同时记得做好图片和文字记录，以备后期深入探讨当地海岸地貌的变化。 教师：海边地区原有的岩石是沉积岩中的砂岩，但是燕山时期侵入的岩浆是基性岩浆，主要矿物成分是辉石，辉石的颜色呈灰黑色。岩石和矿物的内容涉及地质学的知识，如果同学们还想继续深入研究，可以在课后继续查看课外资料进行了解。 我们继续看第三个任务，观察大梅沙沙滩，绘制出沿海地带的剖面图，对比大梅沙海岸堆积地貌与前面的海岸侵蚀地貌的形态，分析海岸堆积地貌的形成原因和过程。 教师：大梅沙沙滩属于海岸沉积地貌，由于海水的进退反复将泥沙搬运、沉积而成	学生：为什么侵入的岩浆呈现与旁边岩层不一样的灰黑色？ 小组合作探究，绘制大梅沙沙滩沿海地带从岸边到深海的剖面图。学生把自己绘制的简图与大梅沙沙滩的风光拍成照片，发布在考察交流群里。 通过与前面的海蚀洞、海蚀崖、海蚀沟等海蚀地貌的对比，学生更加清楚	通过教师引导，学生小组共同合作开展野外考察，学会使用地质罗盘，掌握正确的使用方法，加深对海岸地貌的理解

教学内容	教师组织和引导	学生活动	教学意图
学生小组合作探究完成野外考察任务	教师：大梅沙的生态功能与经济功能有哪些？	地认识大梅沙沙滩海积地貌的特征，从中推断、分析海岸沉积地貌形成的过程，加深对其形成的理解。	
	我们现在看第四个任务，学习使用地质罗盘测定海滨岩层的走向、倾向等。	学生结合实地考察，简要回答大梅沙沙滩为沿海海滨地区形成天然屏障，提供生物的栖息地等生态功能，此外，开阔的海滩带来的美丽风景也成为当地海滨旅游的一大特色，吸引了众多游客前来消遣、休闲。	
	教师：岩层的产状主要包括走向、倾向和倾角。使用地质罗盘测量岩层的走向时要注意先将罗盘的水准器气泡居中。测量岩层的倾角时，注意是将罗盘长边的底棱紧靠岩层的层面，当圆形水准器的气泡居中时，读出指针的读数即为当地岩层走向的数据	每个小组的学生自己动手测量岩层的走向和倾角，同学们在小组内部互相帮助，解决使用地质罗盘的难点，掌握正确使用地质罗盘的方法。由组内专门的记录员把每个小组测量出来的当地岩层的走向和倾角数据记录下来	

教学内容	教师组织和引导	学生活动	教学意图
总结收获	教师：在确保安全的前提下，我们完成了野外考察的任务。通过这一次野外考察，希望同学们掌握使用地质罗盘测量岩层走向和倾角的基本方法。同时仔细观察海水运动和海岸地貌，加深对海岸侵蚀与堆积地貌的了解。 通过小组合作探究、完成野外考察任务单，也培养了学生的合作意识与探究精神。通过实地考察海岸地貌，领略海洋的美好风光，更加增加学生对自然的热爱，与此同时，培养学生保护海洋资源的意识	学生边听边总结，边分享自己的想法边做记录	培养学生正确的人地协调观，培养学生保护自然环境的意识

第三章

考察成果展示汇报与答辩

经历高强度野外考察之后，队员们收获满满。接下来，各考察小组内部成员通过分工协作，完成最终的成果展示，并答复评委们的问题。评委们要对学生的展示答辩给出评分（60分），学生也要对自己的整个考察流程给出自评分（40分），两项相加就是该组学生的总得分。教师在评价过程中，应多采用正面积极评价，让学生体验到取得野外考察成果的喜悦，激发学生参与野外考察的热情。每次野外考察之后的第二周，社团课都要开展一次汇报答辩活动。

本章是《野外求知——初中地理野外考察》的最后一章，主要以仙湖植物园的考察答辩为例，阐述地理野外考察成果展示汇报与答辩的基本流程和注意事项。

仙湖植物园考察任务单室内任务部分：

表3-1　仙湖植物园考察任务单

室内任务	制作PPT课件，汇报展示考察任务。（展示限时10分钟） 1.展示考察小组绘制的沙漠植物区平面图、采集的裸子植物和药用植物叶片标本照片、30元午餐体验、游客不良行为照片以及与户外试题相关的合影照片等 2.解说小组设计的仙湖植物园一日游线路和旅游景点，要求旅游线路上的旅游景点至少要有2名队员的工作照 3.4名组员全员参加展示和答辩环节（答辩题目由评委随机给出）

基本流程

（1）考察队员在野外考察结束前要完成野外考察任务单答题卷部分，并把考察成果拍照存档留作PPT课件素材。拍照后才能上交给带队教师。

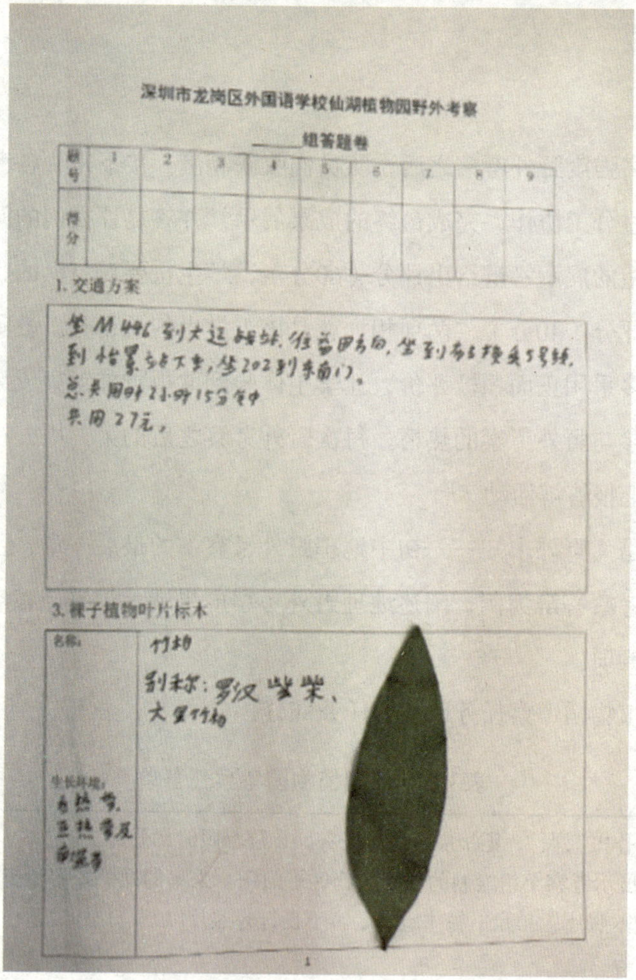
深圳市龙岗区外国语学校仙湖植物园野外考察

______组答题卷

题号	1	2	3	4	5	6	7	8	9
得分									

1. 交通方案

坐M446到大运站，往荷坳方向，坐到南约换乘5号线，到杨美站下车，坐202到东南门。
总共用时2小时15分钟
共用27元，

3. 裸子植物叶片标本

名称：竹柏

别称：罗汉松、大叶竹柏

生长环境：

1

图3–1　考察队员答题卷（一）

图3-2 考察队员答题卷（二）

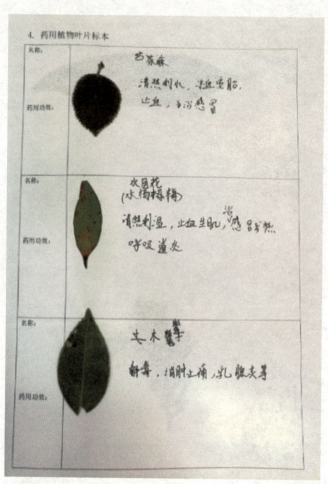

图3-3 考察队员答题卷（三）

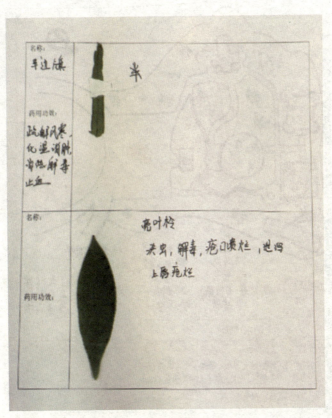

图3-4 考察队员答题卷（四）

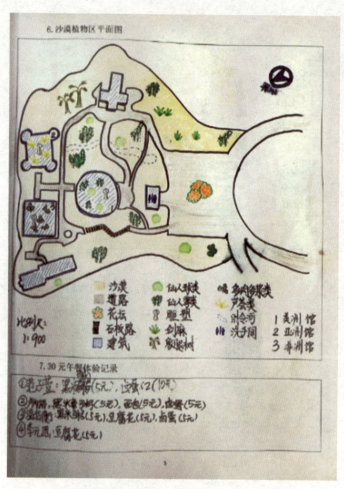

图3-5　考察队员答题卷（五）

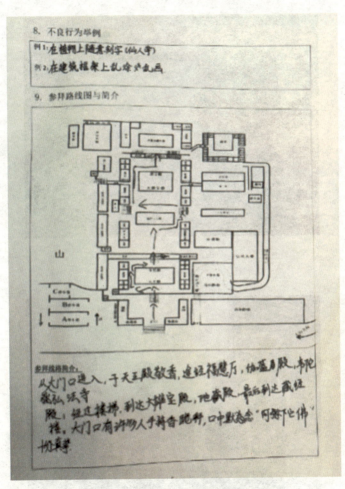

图3-6 考察队员答题卷（六）

（2）课后制作汇报用的PPT课件，并分配好各自在汇报中的任务。

（3）汇报展示与答辩。评委根据小组汇报情况和内容随机给出问题，学生做出回答。

图3-7　学生展示

图3-8　学生答辩

（4）教师总结评价，公布各考察小组得分。

表3-2　考察评价表

评价内容		小组自评	教师评价	总评
参与考察探究情况	参与度			
	探究活动			
考察效果	展示汇报			
	答辩			

注意事项

（1）严格按照题目要求制作课件和设计展示思路，不能遗漏。

（2）主讲人和其他成员分工明确，配合默契。

（3）指导教师在课件制作和展示前给予足够的指导和修改意见，帮助队员成长。

（4）应对评委的提问要机智灵活，队员间打好配合，不能冷场。

图3-9　深圳市龙岗区外国语学校参加野外考察活动学生合影

图3-10　学生参加比赛

附表：

深圳市龙岗区外国语学校野外考察
_____组答题卷

题号	1	2	3	4	5	6	7
得分							

1. 交通方案

2.合影照

3.避雨长廊平面图

4. 叶片标本

5. 20元午餐体验

6. 干扰红树林鸟类生存的不良行为

7. 一日游线路

教学设计

以仙湖植物园考察为例

（一）教学目标

1. 知识与技能

（1）认识几种代表性植物，并了解其门类。

（2）绘制沙漠植物区平面图。

（3）实地考察仙湖植物园，绘制简单的一日游路线图，并附说明。

2. 过程与方法

（1）观察和收集资料，认识代表性植物及其门类。

（2）观察和实地测量，绘制平面图。

（3）实地考察、观察和问询，绘制简单的观光路线图。

3. 情感态度与价值观

（1）通过野外实地考察，学生懂得保护植物、爱护环境的重要性。

（2）小组分工协作，共同完成野外考察任务，培养分工及团队合作意识。

（二）教学重点和难点

1. 教学重点

（1）认识几种代表性植物，并了解其门类。

（2）绘制沙漠植物区平面图。

（3）绘制简单的旅游路线图，并附说明。

2. 教学难点

（1）绘制沙漠植物区平面图。

（2）绘制简单的旅游路线图，并附说明。

（三）教法策略

汇报学习法、设问法。

本节内容主要由学生小组合作完成汇报PPT课件的制作，汇报由学生自主进行，指导教师和评委进行质问，学生作答。最后公布得分情况。

（四）教学实施的程序

表3-3 仙湖植物园考察教学过程表

教学内容	教师组织和引导	学生活动	教学意图
汇报答辩前的准备	教师选择合适汇报答辩的地点，准备好电脑和投影，设置评委席，印制打分表。设置一位志愿引导员，并在隔壁开辟一个等候室。 设置抽签环节，决定出场的先后顺序	将各小组的PPT课件拷贝进电脑，并在等候室等待引导员的指示，按照抽签结果依次出场	确保各小组汇报答辩衔接到位，保证整个活动流程顺畅、圆满

续 表

教学内容	教师组织和引导	学生活动	教学意图
以C组为例	引导员指示C组成员入场。 评委发出开始指令。 评委们认真聆听，并做好记录	C组（丁子萱、卢诗语、李元恩、温岱衡）入场，按照分工，丁子萱先汇报之后是卢诗语、李元恩、温岱衡汇报	培养学生的语言表达能力
答辩环节	评委们根据学生汇报的内容，提出质疑。 例如，C组同学，你们在绘制沙漠植物区平面图时是如何确定比例尺的	学生温岱衡回答：通过步测法估算出园区北部宽度，然后跟纸张图框做好权衡，取得一个比较接近的比例	锻炼学生随机应变的能力，培养学生的思辨性
其他组汇报答辩（略）			
教师总结评价	评委代表对4个小组的表现依次做出客观公正的评价，以鼓励为主。公布最终得分，可以准备一些礼物作为奖励	学生全体就座，认真聆听	让学生学会反省和提升